중국 문화산업의
생산성 · 지역화 · 무역경쟁력에 관한 연구

지역별 · 산업별 패널자료 분석

이 저서는 2020년도 대한민국 교육부와 한국학중앙연구원(한국학진흥사업단)을 통해 해외 한국학 씨앗형 사업의 지원을 받아 수행된 연구임 (AKS-2020-INC-2230008).

중국 문화산업의
생산성 · 지역화 · 무역경쟁력에 관한 연구
지역별 · 산업별 패널자료 분석

초 판 인 쇄	2023년 04월 05일
초 판 발 행	2023년 04월 11일
저　　　자	황춘산
발 행 인	윤석현
발 행 처	박문사
책 임 편 집	최인노
등 록 번 호	제2009-11호
우 편 주 소	서울시 도봉구 우이천로 353
대 표 전 화	02) 992 / 3253
전　　　송	02) 991 / 1285
전 자 우 편	bakmunsa@hanmail.net

ISBN 979-11-92365-29-9 93320   정가 15,000원

중국 문화산업의
생산성 · 지역화 · 무역경쟁력에
관한 연구

지역별 · 산업별 패널자료 분석

황 춘 산 지음

박문사

머리말

21세기의 유망산업 중 하나인 문화산업의 발전은 한 국가, 한 지역의 소프트파워와 종합경쟁력을 집약적으로 보여준다. 2000년대에 접어들어 중국 정부가 문화체제 개혁, 문화산업 발전에 관련하여 일련의 중요한 정책들을 내놓았다. 2002년 중국공산당 제16차 전국대표대회(이하 당대회)에서 '문화 체제 개혁 심화' 임무를 제기하였고 2009년에는 '문화산업진흥계획'이 통과됐다. 이는 중국이 최초로 문화산업 발전에 대한 거시적 의견을 내놓은 것으로, 중국 문화산업진흥의 전략, 정책적 방향 및 실행조치에 대한 내용을 제시하였다. 또한 2012년 제18차 당대회에서는 문화산업을 국민경제의 주력산업으로 육성할 방침을 세웠다. 그리고 2017년 제19차 당대회에서는 신시대 문화건설의 기본방략(基本方略)을 더욱 명확히 함과 동시에 문화자신감의 기초적인 위상을 강조하였다. 이어 2022년 제20차 당대회에서는 현대 문화산업과 시장체계를 건전히 하고 중대(重大)문화산업 프로젝트와 관련한 견인전략(帶動戰略)을 실시할 것을 제기하는 등 중국 중앙정부가 문화산업발전을 가속화하고 있다.

이러한 정책에 힘입어 중국 문화산업은 눈부신 발전을 가져온 동시에 생산성이 지역별 · 산업별로 격차가 크고 지역화 심화정도가 지역별로 다르게 나타나고 있다. 또한 중국 문화산업의 무역경쟁력도 세계 선진국에 비하면 비교적 낮는 등 여러 문제가 아직 많이 남아있다. 이러한 상황에서 중국 문화산업을 지역별 · 산업별로 나누어 중국 문화산업의 생산성, 지역화, 무역경쟁력을 살펴봄과 동시에 문화산업의 지역화 및 수출 결정요인도 함께 분석해보는 것은 나름대로 비교적 큰 현실적인 의의가 있다고 생각된다.

이에 이 책은 저자가 문화산업과 관련하여 다년간 연구해온 논문들을 기본내용으로 하여 자료를 더 충실히 하고 보충수정하여 펴낸 것이다. 본 연구는 먼저 문화산업의 개념, 분류, 특징, 역할, 세계 및 중국의 문화산업 발전현황, 세계 주요국 및 중국정부의 문화산업 정책, 그리고 추정방법 및 기존 연구에 대해 정리하였다. 이어서 지역별 · 산업별로 중국 문화산업의 생산성, 지역화 및 무역경쟁력을 살펴보았다. 또한 중국 문화산업에 대한 지역화 및 무역경쟁력 추정결과를 근거로 문화산업의 지역화와 문화상품 수출의 결정요인이 무엇인지를 밝혀, 그에 따른 정책적 시사점을 도출하였다.

6

본 연구는 중국 문화산업의 모든 방면을 충족시키기에 다소 모자람이 없지 않을 것이며 구체적인 연구방법, 연구기간, 연구대상 등에 있어서 부족함이 있을지도 모른다. 본 연구의 남아 있는 오류는 저자 본인에게 책임이 있음을 들어가기에 앞서 먼저 밝혀두려고 한다. 본 연구가 현재 문화연구에 종사하는 여러 학자들에게 유용하게 활용되기를 기대해본다. 끝으로 책이 나오기까지 수고하신 모든 분들께 진심어린 감사의 말씀을 드린다.

황춘산

2023년 3월 8일 소흥 자택에서

목차

그림, 표 목차

요약

본 연구는 우선 중국 문화산업의 생산성 및 지역화를 지역별로 어떠한지를 살펴보았다. 다음 산업별로 중국 문화산업의 생산성 및 무역경쟁력을 실증분석하였다. 그리고 중국 문화산업에 대한 지역화 및 무역경쟁력 추정결과를 근거로 이들의 결정요인이 무엇인지를 밝혀, 그에 따른 정책적 시사점을 도출하는 것이 본 연구의 목적이다.

이를 위해 먼저 문화산업의 개념, 분류, 특징, 역할, 세계 및 중국의 문화산업 발전현황, 세계 주요국 및 중국정부의 문화산업 정책, 그리고 추정방법 및 기존 연구에 대해 정리하였다. 이어서 중국 문화산업의 지역별·산업별 생산성, 그리고 지역화와 무역경쟁력을 살펴봄과 동시에 그 결정요인도 함께 분석하였다.

주요 실증분석 결과를 정리하면 다음과 같다.

첫째, 중국 문화산업을 지역별로 보았을 때, 중국 31개 성·시·자치구의 문화산업의 생산성 변화를 측정한 결과, 분석 기간 동안 전국의 문화산업의 생산성이 감소하였고 성·시·자치구별로 세부적으로 살펴보면 지역별 생산성의 편차가 매우 크게 나타나고 있다. 그리고 전국을 동부, 중부, 그리고 서부로 나누어 문화산업의 생산성의 변화를 살펴보면, 전국의 문화산업의 생산성에 서부지역이 견인차 역할을 한 것으로 나타났으며 그 요인이 바로 기술진보의 개선에 있는 것으로 추정되었다.

둘째, 중국 문화산업의 지역화 정도를 살펴보면 문화제조업 보다는 문화유통업과 문화서비스업의 지역화 정도가 상대적으로 높게 나타나고 있다. 그리고 종사자 수 비중 혹은 동부 지역의 지역경제 발전수준이 높은 지역을 중심으로 지역화 정도가 높게 나타나고 있다. 또한 지역화 결정요인에 대해 분석한 결과, 특허출원 건, 체신업무량, 문화소비지출 순으로 지역화에 영향을 미치며 긍정적인 것으로 나타났고 재정지출은 지역화에 부정적인 것으로 나타났다.

셋째, 중국 문화산업을 산업별로 보았을 때, 중국의 전체 문화산업 및 3개 업종은 분석 기간 동안 생산성이 대체적으로 하락하는 추세를 보였다. 또한 중국 문화산업의 3개 업종의 생산성의 개선은 주로 동부지역에서 발생하였는데 문화제조업과 문화서비스업에서는 생산성을 증가시키는데 기술진보가 주도적 역할을 한 반면에 문화유통업에서 생산성의 증가는 효율성 개선이 견인차 역할을 주로 한 것으로 나타났다.

마지막으로 중국 문화산업의 무역경쟁력을 살펴보면 수출시장점유율 각도에서 볼때, 분석 기간 동안 연도별로 대체적으로 꾸준히 증가하였는데 업종별로 보면 중국의 수출시장점유율은 공예품, 뉴미디어, 설계디자인 순으로 높게 나타났다. 그리고 무역특화지수를 이용하여 분석한 결과, 중국의 문화산업은 분석 기간 동안 연도별로 거대한 무역흑자를 보이는 기형적 구조를 나타냈는데 업종별로 볼 때,

중국은 시청각상품을 제외한 품목에서 모두 비교우위를 보였는데 그 중에서 특히 설계디자인과 시각예술은 매우 강한 경쟁력을 보였다. 이어서 문화상품의 수출 결정요인에 대해 분석한 결과, 1인당 국내 총 생산액, 국내 총 생산액 순으로 수출에 긍정적인 영향을 미쳤고 무역조건, 지리적 거리와 문화적 거리는 수출에 부정적인 것으로 나타났다.

제1장

서론

제1절 연구배경 및 연구목적

문화산업은 21세기 소프트 경제시대의 성장동력으로서 국민소득이 늘면 소비가 더 높아지는 선진국형 산업이라고 할 수 있다. 문화산업은 향후 소득증가에 따른 예술문화와 여가 수요증가에 대응할 수 있는 산업으로서 다원화·다문화 공생의 사회에서 국민의 문화적 정체성을 확립함과 동시에 다양한 여가 생활의 원천을 제공하는 등 국민의 삶의 질 향상에 중요한 역할을 한다. 또한 국민 생활에 영향을 미치는 문화산업은 앞으로 그 중요성이 더욱 커질 것이라고 생각하는 것이 일반적이다.

또한 경제와 과학기술이 급속하게 발전함에 따라 글로벌화가 가속화되고 세계 각 국가 간의 무역 왕래가 날로 밀접해짐과 동시에 각 지역 및 각 국가 간의 사상·문화·정보교류 또한 활발해지고 있다. 경제·문화적 이중속성(雙重屬性)을 갖고 있는 문화상품은 한 국가에 대하여 국내·외적으로 큰 영향을 미치고 있다. 국내적으로는 한 국가의 무역성장을 촉진하고 고용문제를 해결하며 자국의 경제발전을 견인하는 작용을 하는 동시에 국제적으로는 문화파급효과(文化外溢)도 가져와 한 국가가 세계 여러 국가와의 문화교류를 통하여 문화의 다양화를 추진하고 상호이해를 증진시키며 사람들의 생산과 생활방식도 개선시킬 수 있다.

중국의 급속한 경제성장은 문화산업의 발전에도 중요한 기초가 되고있다. 지역주민의 소득수준의 증가는 문화상품의 수요를 확대

19

시키고 이는 지역 문화산업의 발전으로도 이어지고 있다. 문화산업
의 발전은 우수한 노동력이 필요하다. 제조업과 달리 문화산업은 창
의적인 노동력이 필요하기 때문이다. 단순 조립 공정에 투입되는 노
동력과 달리 문화산업은 어느 정도의 문화적인 소질과 소양을 갖추
어야 하며 문화상품의 개발에는 더욱 창의적인 노동력이 필요하다.
문화산업을 창의산업으로도 번역하는 것은 이러한 이유 때문이다.
일정한 수준을 갖춘 노동력은 모든 지역에서 공급될 수 없다. 따라서
문화산업의 발전은 지역별로 격차가 발생하는 것은 필연적인 과정
이다. 특히 문화산업의 초기 발전단계에서는 이러한 지역별 격차가
더욱 심각하게 나타난다(김상욱, 2016a). 산업집적이란 일정한 수의 동
종(同類)기업이 특정 지역에 모여 집적효과를 얻는 과정으로, 현대 산
업발전의 새로운 특징이자 필연적인 추세이며 산업 경제에 큰 영향
을 미치고 있다. 중국 문화산업 또한 급성장하는 가운데 문화산업의
지역화 추세가 두드러지고 있으며 규모의 경제와 지식파급(知識溢出)
등의 효과가 문화산업의 발전을 가속화하고 있다.

한편 중국은 문화산업을 국민경제의 주력산업의 하나로 설정하
는 등 다양한 문화지원정책을 통하여 대외 문화무역의 규모가 끊임
없이 커지고 문화구조도 점차적으로 최적화되는 등 중국 문화산업
의 무역발전도 눈부신 증가를 가져오고 있다. 하지만 중국의 문화상
품 무역액이 대외무역 총액에서 차지하는 비중은 세계 선진국에 비
하면 아직도 비교적 낮고 세계에 수출하는 문화상품 구조도 단일한
등 해결해야 할 과제가 아직 많이 남아있다.

이에 중국의 문화산업의 생산성과 지역화에 대해 알아봄과 동시에 어떠한 요인들이 결정적으로 작용하는지를 알아보고 이에 상응한 정책을 종합적으로 검토하여 볼 필요가 있다. 또한 중국 문화산업의 무역경쟁력을 살펴봄과 동시에 문화상품을 수출하는데 있어서 어떠한 요인들이 결정적으로 작용하는지를 알아보고 이에 상응한 정책을 제시하는 데 그 목적을 두고자 한다.

이에 따라 본 연구는 우선 중국의 문화산업이 지역별·산업별로 생산성이 얼마나 변화하였는지를 알아본다. 다음 중국 문화산업의 지역화 추세를 알아봄과 동시에 문화산업의 지역화 결정요인도 함께 분석한다. 마지막으로 중국 문화산업의 무역경쟁력을 분석함과 동시에 문화상품의 수출 결정요인도 함께 분석하여 정책적 시사점을 도출하고자 한다.

제2절 연구방법 및 연구내용

본 연구는 Malmquist 생산성 변화 지수를 이용하여 지역별·산업별로 중국 문화산업의 생산성을 추정하였다. 그리고 입지지수를 이용하여 중국 문화산업의 지역화 정도를 지역별로 비교 분석하였다. 또한 수출시장점유율과 무역특화지수를 이용하여 중국 문화산업의 무역경쟁력을 분석하였다.

본고의 구성은 다음과 같다. 제2장~제5장에서는 문화산업의 개념, 분류, 특징, 역할, 세계 및 중국의 문화산업 발전현황, 세계 주요 국 및 중국정부의 문화산업 정책, 그리고 추정방법 및 기존 연구에 대해 상세하게 살펴보았다. 제6장에서는 중국 문화산업의 지역별 생산성, 지역화, 지역화 결정요인에 대해 분석하였고 제7장에서는 중국 문화산업의 산업별 생산성, 무역경쟁력, 수출 결정요인에 대해 상세하게 살펴보았다. 끝으로 제8장에서는 본 연구의 결과를 요약함과 동시에 정책적 시사점을 도출하였고 연구의 한계를 기술하였다.

제2장

이론적 배경

제1절 문화산업의 개념과 분류

1. 문화산업의 개념

문화적 가치와 문화 토양은 사회 발전과 경제성장의 배양액이라고 할 수 있다. 사회 전체가 생산적인 조직문화를 갖추고 사회 곳곳에서 창조적 영감을 얻을 수 있는 문화 조성이 경제를 일으키는 데 있어서 기초가 될 수 있으며 경제 발전을 위해 문화는 중요하다. 특히 2000년대 들어 산업구조가 고도화되고 대중소비 수준이 높아지면서 문화적 욕구도 확장되고 있다. 대중문화가 발달하면서 예술 창작이 산업의 대상으로 주목받기 시작했고, 상업주의와 결합해 대규모 상품시장을 형성하게 됐다. 문화를 경제 활동의 대상으로 산업화하는 것이 문화산업이다.

세계 각국이 문화산업의 개념을 창의성을 포함해서 확대시키고 있어 문화산업에 대해 세계적으로 일치된 개념이 없다. 한국과 일본 등 국가는 콘텐츠산업, 호주와 핀란드 등은 저작권 산업, 독일, 중국, 대만 등은 문화창조산업, 그리고 영국, 홍콩, 싱가포르 등은 문화산업을 창조산업으로 확장하여 사용하고 있다(노준석 외, 2013).

중국 정부는 문화(창조 혹은 창의)산업 개념을 채용하여, 문화산업발전의 핵심지위에 창의성을 두고 있고 한국에서는 정부 부처나 통계상 문화콘텐츠산업이라 칭해지는 경우가 많으며 문화산업이라는 용어를 잘 사용하지 않는 경향이 있다. 한국에서의 문화콘텐츠산업

정의는 유형화된 제품보다는 무형적 콘텐츠와 서비스를 잘 반영한
다는 점은 장점이지만 부가가치 면에서 매우 큰 비중을 점하는 디자
인산업을 불포함시키고 있다(강승호, 2016).

2. 문화산업의 분류

UNCTAD의 분류에 따르면 문화산업을 문화상품(창조상품)과 문화
서비스(창조영역)로 나눌 수 있는데 문화상품은 공예품, 시청각상품,
설계디자인, 뉴미디어, 출판물, 공연예술, 시각예술 등 7개 업종, 그
리고 문화서비스는 로열티 앤 라이센스, 광고, 시장조사, 건축, 프로
젝트와 기술서비스, 시청각 및 관련 서비스, 연구개발서비스, 개인문
화와 오락 서비스, 기타 등 7개 업종으로 세분화할 수 있다(<표 2-1> 참조).
이 분류법을 이용한 연구들로는 方英 · 魏婷 · 虞海俠(2011), 聶聆(2015),
강승호(2016) 등이 있다.

〈표 2-1〉 UNCTAD의 문화산업 통계 분류

	중구분	세구분
문화상품 (창조상품)	1. 공예품	카펫, 경축용품, 종이류, 등공예, 편직물 등
	2. 시청각상품	영화, 드라마, 라디오, 음악기록품 등
	3. 설계디자인	건축, 의류, 유리, 인테리어, 보석, 장난감
	4. 뉴미디어 S/W, 게임	S/W, 게임
	5. 출판물	도서, 신문, 잡지, 기타
	6. 공연예술	악기, 악보
	7. 시각예술	골동품, 회화, 사진, 조각 등

| 문화서비스
(창조영역) | 1. Royalty and License 2. 광고, 시장조사
3. 건축, 프로젝트와 기술서비스 4. 시청각 및 관련 서비스
5. 연구개발서비스 6. 개인문화와 오락서비스 7. 기타 |

자료: 강승호(2016)

그리고 李小牧·李嘉珊(2007), 許和連·鄭川(2014) 등은 유엔 상품무역 데이터뱅크의 HS(The Harmonized System) 분류법을 이용하여 수공예품(97), 영상·음향(37), 도서출판물(49)을 문화상품에 포함시켜 연구하였다. 李欣(2015) 등은 HS(1992)분류법을 이용하여 위의 세가지 분류에 악기(92)를 추가로 문화상품에 포함시켜 연구하기도 하였다.

중국은 2004년에 문화 및 관련 산업 분류 2004를 제정하였고 급성장하는 문화산업의 한계를 극복하기 위해 중국의 문화부는 2012년에 문화 및 관련 산업 분류 2012를 발표하였다. 문화 및 관련 산업 분류 2012를 문화시장 측면에서 다시 구분해 보면 문화상품을 제조하는 문화제조업, 문화상품을 유통하는 문화유통업, 그리고 문화서비스를 제공하는 문화서비스업으로 재구분할 수 있다(<표 2-2> 참조).

〈표 2-2〉 중국의 문화산업 분류(2012)

구분	세부업종
문화 제조업	공예 미술품제조, 정원·전시예술 및 기타 도자기제품제조, 인쇄·복사서비스, 사무용품 제조, 악기제조, 완구제조, 게임기제조, 오디오·영상설비제조, 폭죽제품제조, 문화용지제조, 문화용 잉크제조, 문화용 화학제품제조, 기타 문화용품제조, 인쇄설비제조, 라디오·영화·TV설비제조, 기타 문화전문설비제조 등
문화	발행서비스, 공예미술품판매, 문화무역대리·경매서비스, 문구

유통업	· 악기 · 사진장비판매, 문화용가전제품판매, 기타 문화용품판매, 라디오 · 영화 · TV전문설비도매, 무대조명설비도매 등
문화 서비스업	뉴스서비스, 출판서비스, 라디오 · TV서비스, 영화 · 비디오제작서비스, 문예창작 · 공연서비스, 도서관 · 서류관서비스, 문화유산보호서비스, 군중문화서비스, 문화연구 · 사회기구서비스, 문화예술연수서비스, 기타 문화 예술업 서비스, 인터넷정보서비스, 이동통신서비스(문화부문), 라디오 · TV전송서비스, 광고서비스, 문화소프트웨어서비스, 건축설계서비스, 전문설계서비스, 관광서비스, 엔터테인먼트 · 오락서비스, 사진인화서비스, 판권서비스, 문화에이전시서비스, 전시서비스, 기타 문화지원서비스 등

자료: 김상욱(2016b)

제2절 문화산업의 특징과 역할

1. 문화산업의 특징

문화산업은 지식 집약적이고 부가가치가 높은 신흥 산업으로 다음 몇 가지의 특징을 가지고 있다.

첫째, 문화산업은 경제학 이론에서 설명되어지는 이른바 지대(rent)의 개념으로 적용되어 창의력을 기반으로 높은 부가가치가 창출되는 산업이고 개성을 강조하는 즉 지식기반(knowledge-base)적인 저작권 사업이다.[1]

둘째, 광범위성이다. 문화상품은 인류의 정신적 발전의 결과이다.

---

1 김언군, 중국 문화산업의 경제적 파급효과 분석, 2016, pp.21-22.

문화상품은 무형자본을 창조하고 브랜드효과를 축적한다. 또한 이에 대한 상품들은 무수히 반복, 복제, 생산될 수 있으며 동일한 상품의 재판, 복제의 횟수가 많을 수록 그 만큼의 가치도 상승하게 되므로 영향력도 크게 된다.[2]

셋째, 영속성이다(持久性). 문화상품의 소비로 미학적(esthetics)이 있는 소비재이다. 문화상품은 소비를 걸쳐서 물론 이의 캐리어물질(material carrier)은 소모될 수 있지만 그의 문화가치는 영원히 소모될 수 없다.[3]

넷째, 사상성이다. 문화상품은 인지, 교육, 심미, 오락 등의 기능이 있고 인간의 정신욕구를 만족시킬 수 있다. 또한 문화상품은 인간의 피로를 제거하고 우리의 지식을 풍부시키면서 인류의 노동기능을 제고시키는 이른바 고급단계의 소비수요이다.[4]

다섯째, 브랜드의 인지도이다. 물질상품을 전체적으로 보았을 때, 소비자들은 물질상품을 구매할 때 상품의 우열은 구매하기 전 관찰, 터치 혹은 테스트하고 나서 구매 할 수 있다. 소비자들은 문화서비스의 질에 대해서 우열 또는 양부(良否)여부는 사전에 확인하기 어렵고 TV광고 혹은 다른 사람의 소개되는 경로에서만 인식 국한되었기 때문에 그 자체의 브랜드인지도는 중요하게 되는 것이다.[5]

여섯째, 불확실성이다. 물질상품의 생산은 전문화, 규범화의 특징

---

2 ibid, p.22

3 ibid, p.22

4 ibid, p.22-23

5 ibid, p.23

이 있기에 일정한 질을 보장하고 생산과정 중에서 제공되는 문화서
비스는 주로 인간의 기능표현의 과정이고 비 물질생산이다. 또한 인
간의 기능발휘는 자신의 신체와 심리상황의 양부, 환경변화 등 각종
객관요소의 제약을 받는다. 때문에 문화서비스의 질은 이렇게 여러
제한요소가 있기에 불확실성이 강하고 고위험성이 있는 있는 산업
이기도 하다.[6]

　일곱째, 개성화이다. 문화서비스의 속성은 문화서비스의 생산자
와 소비자의 차이로 결정된다. 문화서비스 중 대다수는 개인으로부
터 시작된다. 동일한 항목이라도 생산자의 개성, 감정 소질 등 각 요
소의 구분으로 이에 대한 결과도 다르기에 문화상품 및 서비스의 평
가기준 또는 질에 대한 평가는 높거나 낮은 결과로 나와서 관찰하는
각도도 다양하게 차이가 난다.[7]

　여덟째, 윈도우 효과이다(window effect). 윈도우효과는 과거 사용되
는 매체에서 다른 매체하고 복제되어 소비자에게 제공되는 과정 또
는 하나의 문화상품으로 여러 가지 용도로 동시에 사용되는 경우를
의미한다. 통상적으로 다른 상품들은 한번만 제작하여 유통단계로
소비자에게 제공되어 이를 소비의 단계로 거치고 수명을 다하지만
문화산업은 다른 영역에서 재창조되어 또 다른 가치창출을 용이하
게 해 주는 특성이 있다.[8]

---

6 ibid, p.23
7 ibid, p.23-24
8 ibid, p.24

아홉째, 문화산업의 지역차이이다. 문화산업은 문화자체의 차이성 특성을 갖고 있으며 그 지역 상의 차이도 많다. 넓은 범위에서, 문화산업의 지역차이는 구체적으로 각 국의 문화산업의 발전내용, 발전상황에 다소 차이가 있다.[9]

2. 문화산업의 역할

첫째, OSMU(One-Sourse-Use)효과이다. OMSU는 하나의 내용(contents)자원이 영화, 만화, 게임, 소설, 캐릭터, 음반 등 여러분야의 제2차 후속적 상품개발로 파급되어 이러한 과정을 걸쳐 문화상품의 제2차 개발까지의 부가가치 수익으로 이어지는 문화상품이 가진 연쇄적인 마케팅 효과로서 문화산업의 자체창조가치를 창출하는 동시에 관련된 기타 산업부문의 발전으로 이어지는 발전을 촉진시키는 역할이 있다.[10]

둘째, 지역경제에 기여한다. 한 지역에서 과거 존재하는 문화자원의 보존, 활용 등의 문화적 다양한 활동은 문화산업이 발전되는 밑거름이다. 따라서 지역의 독특한 문화속성기반은 그 지역의 역동적 이미지를 제공하여 외부로부터 투자와 인재를 유입시켜 지역개발과 경쟁력 제고에 커다란 기여를 하게 된다.[11]

---

9 ibid, p.24

10 ibid, p.27

11 ibid, p.28

셋째, 삶의 질을 향상시킨다. 한 국가 또한 지역경제에서의 문화산업과 문화 활동은 경제적인 차원을 넘어서 그 국가 혹은 지역에 거주하는 국민 또는 집단의 창조성, 혁신성 및 다양성을 개발하는 데에 있어서 기여하고 있다. 또한 문화산업은 상업적 제품을 제공할 수 있을 뿐 아니라 다양한 작품과 질 높은 제품을 생산하는 것이 문화산업의 중요한 핵심적 의의이다. 특히 문화산업은 인간의 삶과 가치관을 바꿀 수 있는 파워가 있다.[12]

---

12 ibid, p.29

제3장

중국 문화산업의 발전현황

제1절 세계 문화산업의 발전현황

1. 시장규모

2020년 세계 콘텐츠 시장은 만화, 게임 시장을 제외한 모든 분야의 성장률이 하락하면서 전년 대비 3.74% 감소한 2조 3,157억 달러 규모로 집계되었다. 글로벌콘텐츠시장은 COVID-19 팬데믹으로 인해 비대면방식의 언택트(untact) 소비트렌드가 확대되면서 온라인 플랫폼을 중심으로 하는 콘텐츠 제작 · 유통 · 소비 방식이 변화하고 있다. 특히, 방송, 만화, 게임, 음악 등의 분야에서 온라인 플랫폼을 활용한 스트리밍 서비스가 활발해지고 있다.[13]

특히, 게임분야의 경우, COVID-19 팬데믹에 따른 영향으로 모바일 게임시장이 급성장하고, MZ세대가 주요 콘텐츠 소비자로 부상하는 동시에 가상공간 활동이 증가하면서 게임기업들은 메타버스 플랫폼 구축 경쟁에서 주도권을 잡기 위해 노력하고 있다. 향후 메타버스, 블록체인 등 ICT 기술을 활용한 게임의 활성화, 모바일 게임과 PC · 콘솔이 통합된 크로스 플랫폼 기능이 있는 게임의 등장을 통해 게임 시장은 더욱 성장할 것으로 전망된다.[14]

---

13 한국 콘텐츠 진흥원, 2021 해외 콘텐츠 시장분석, 2021, pp. 13
14 ibid, p.13

〈그림 3-1〉 세계 콘텐츠 시장규모 및 전망

단위: 십억 달러

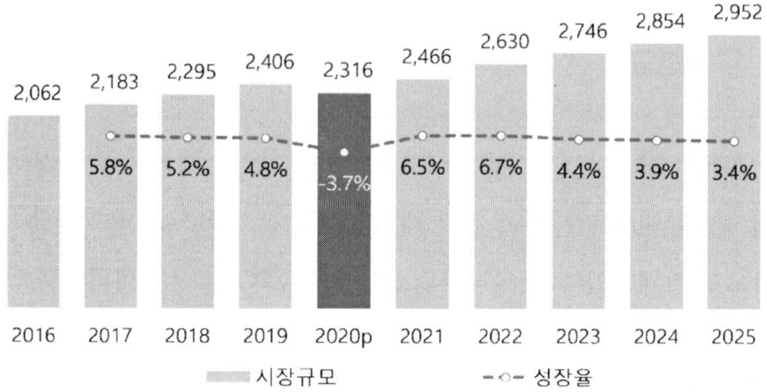

자료: 2021해외 콘텐츠시장 분석

2. 국가별 현황

2020년에도 전 세계 최대 콘텐츠 시장은 미국으로 8,445억 7,300만 달러 규모로 집계되었다. 다음으로 중국이 3,449억 500만 달러로 2위를 차지했다. 미국과 중국 외에는 일본, 독일, 영국, 프랑스 등의 순으로 나타났으며 한국의 경우 2020년 기준 598억 달러를 기록하며 7위 순위를 유지하고 있는 것으로 나타났다.[15]

---

15 ibid, p.17

〈표 3-1〉 국가별 콘텐츠 시장규모 및 전망

단위: 억 달러, %

순위	국가명	2016	2018	2019	2020p	2022	2023	2024	2025	연평균[16]
1	미국	7,634	8,377	8,840	8,446	9,519	9,885	10,230	10,543	4.54
2	중국	2,582	3,266	3,450	3,449	3,939	4,153	4,339	4,505	5.49
3	일본	1,844	1,968	2,018	1,943	2,109	2,156	2,201	2,243	2.91
4	독일	989	1,044	1,074	999	1,128	1,169	1,206	1,237	4.36
5	영국	896	986	1,026	971	1,136	1,194	1,250	1,305	6.1
6	프랑스	677	713	733	680	782	816	849	878	5.25
7	한국	516	563	588	598	679	709	735	759	4.87
8	캐나다	500	541	567	544	610	636	660	681	4.62
9	이탈리아	400	417	419	382	454	472	488	500	5.54
10	인도	291	311	344	352	448	494	540	586	10.75
11	브라질	280	332	357	334	374	393	408	420	4.7
12	호주	315	338	337	315	359	374	387	401	4.99
13	스페인	297	325	335	308	350	367	383	398	5.28
14	멕시코	198	229	248	227	259	269	278	286	4.74
15	러시아	189	223	234	222	266	281	293	304	6.5

자료: 2021 해외 콘텐츠시장 분석

3. 분야별 현황

2020년 기준 세계 콘텐츠 시장에서 합계 기준 약 36.3%로 가장 높은 비중을 차지하고 있는 지식정보 시장은 COVID-19로 인해 유럽 등 후발 국가에서 5G 네트워크를 위한 장비 생산 및 네트워크망 구축이 연기됨으로 인해 2020년 일시적으로 시장이 감소하였으나 온

---

16 2020년부터 2025년까지 연평균 성장률을 뜻함.

라인 스트리밍 서비스 이용자 확대, 클라우드 서비스 등장 등 비대면 환경에서의 콘텐츠 이용이 증가함에 따라 2025년까지 연평균 5.16% 증가할것으로 전망된다.[17]

광고시장은 COVID-19 팬데믹으로 인해 유무선 인터넷 및 콘텐츠 이용량이 증가했음에도 불구하고 광고주들의 오프라인 마케팅 활동 축소, COVID-19의 영향을 가장 크게 받은 극장 광고시장의 대폭 하락 등으로 인해 타격을 입었다. 하지만 COVID-19 팬데믹으로 재택근무 및 비대면 수업 등의 재택 생활이 정착되면서 가정용 전기 전자, 가정용품을 비롯해 식품과 유통 업종의 광고비가 증가하면서 2025년까지 연평균 5.7% 성장할 것으로 전망된다.[18]

〈표 3-2〉 세계 콘텐츠 분야별 시장규모 및 전망

단위: 억 달러, %

구분	2016	2018	2019	2020p	2022	2023	2024	2025	연평균
출판	2,859	2,769	2,714	2,452	2,536	2,518	2,498	2,480	0.22
만화	84	87	91	110	131	143	157	171	9.33
음악	480	538	570	371	597	640	663	679	12.85
게임	935	1,178	1,297	1,490	1,721	1,822	1,913	2,000	6.07
영화	394	428	444	131	396	432	452	470	29.05
애니메이션	68	49	83	15	45	49	51	53	29.19
방송	4,695	4,818	4,818	4,592	4,903	4,981	5,071	5,141	2.28
광고	4,858	5,553	5,928	5,724	6,641	6,966	7,287	7,552	5.7

---

17 ibid, p.14-15

18 ibid, p.15

지식정보	7,095	8,139	8,594	8,398	9,440	9,912	10,369	10,802	5.16
캐릭터	2,629	2,803	2,928	2,816	3,200	3,342	3,473	3,593	4.99
산술합계	24,099	26,362	27,467	26,098	29,610	30,805	31,934	32,940	4.77
합계[19]	20,622	22,953	24,057	23,157	26,301	27,464	28,540	29,525	4.98

자료: 2021해외 콘텐츠시장 분석

2016년부터 2020년까지 전 세계 콘텐츠 시장은 약 2.35%의 연평 균 성장률을 보이며 성장하였다. 가장 많은 비중을 차지하고 있는 지 식정보와 광고 분야가 시장 성장세를 주도하고 있으나 비대면 트렌 드가 확대되고 모바일 게임 서비스 보급률이 높아짐에 따라 게임과 만화시장(특히, 디지털 만화시장)을 중심으로 콘텐츠 시장이 성장하고 있 다. 2021년 위드 COVID-19 전환을 계기로 대부분 산업에서 빠른 회 복세를 기록하며 2025년까지 다시 COVID-19 이전으로 회복할 수 있을 것으로 기대하고 있다[20](<그림 3-2>와 <그림 3-3> 참조).

〈그림 3-2〉 세계 콘텐츠시장 산업별 점유율, 2016 vs 2020p vs 2025

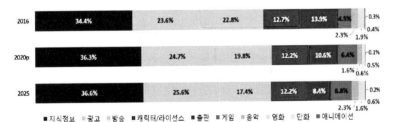

자료: 2021해외 콘텐츠시장 분석

---

19 중복시장을 제외한 시장규모임.

20 ibid, p.16

〈그림 3-3〉 세계 콘텐츠시장 산업별 연평균 복합성장률, 2016~2020 vs 2020~2025

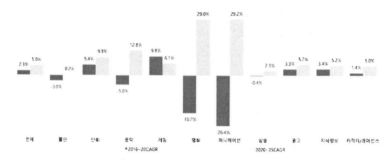

자료: 2021해외 콘텐츠시장 분석

제2절 중국 문화산업의 발전현황

1. 중국 문화산업의 시장규모

중국 콘텐츠 시장은 2020년 기준 3,449억 500만 달러로 전년도와
비슷한 규모를 가지는 것으로 집계되었다. 지식정보가 가장 높은 비
중을 차지하고 있으며 광고, 방송, 그리고 출판이 그 뒤를 이었다. 매
년 성장세를 이어오던 중국 콘텐츠 시장도 COVID-19 팬데믹으로
인해 성장세가 주춤했으나 중국의 영화시장은 빠르게 COVID-19 팬
데믹의 영향에서 벗어나며 미국을 제치고 세계1위 영화시장이 되
었다.[21]

---

21 ibid, p.90

반면에 만화산업은 종이 인쇄물(만화책)과 같은 전통적인 보급방식으로 시장을 넓혀왔기에 디지털 세상으로 빠르게 변화되기 시작한 현 상황에서 성장이 주춤할 수밖에 없었다. 디지털화 추세에 맞추어 중국의 만화시장은 보급 매체를 종이에서 인터넷으로 전환하고, 모바일 웹툰이라는 새로운 시장을 구축하기 시작했고 스마트폰과 인터넷이 발전에 힘입어 중국의 만화산업(웹툰)은 '제2의 성장기'를 누릴 것으로 전망된다. 만화를 제외한 모든 콘텐츠 산업 분야가 고른 성장을 보일 것으로 예상되며, 2025년까지 연평균 5.49% 성장률을 보이며 4,504억 9,000만 달러 규모까지 성장할 것으로 전망된다.[22]

〈표 3-3〉 중국 콘텐츠시장 규모 및 전망, 2016~2025

단위: 백만 달러, %

구분	2016	2018	2019	2020p	2022	2023	2024	2025	연평균
출판	35,208	35,314	35,250	32,502	34,426	34,768	34,766	34,953	1.46
만화	871	895	993	983	937	874	805	742	-5.46
음악	491	851	965	962	1,515	1,721	1,882	1,994	15.7
게임	18,805	25,421	28,164	31,820	37,800	40,242	42,239	44,013	6.7
영화	7,170	9,523	10,047	3,110	9,489	10,148	10,610	11,050	28.86
애니메이션	1,200	679	1,917	334	1,020	1,090	1,140	1,187	28.86
방송	34,568	39,806	41,167	40,468	45,717	48,005	49,379	50,650	4.59
광고	63,897	82,729	94,779	96,441	115,133	125,836	135,797	144,236	8.38
지식정보	115,113	148,186	148,525	149,946	161,382	165,720	169,943	173,745	2.99

---

22 ibid, p.90

캐릭터	8,072	9,514	10,432	10,430	11,910	12,556	13,120	13,622	5.49
산술합계	285,395	352,917	372,238	366,994	419,328	440,961	459,680	476,192	5.35
합계	258,211	326594	344,977	344,905	393,870	415,257	433,903	450,490	5.49

자료: 2021해외 콘텐츠시장 분석

2. 중국 문화산업의 지역화

〈표 3-4〉는 지역별 종사자 수를 이용하여 2013~2016년 기간 동안 중국 문화산업의 입지지수를 계산한 결과이다. 분석 기간 동안 연평균 입지지수가 1보다 큰 지역에는 북경시, 천진시, 상해시, 강소성, 절강성, 복건성, 산동성, 호남성, 광동성 9개 지역이다.

지역별 입지지수의 분석결과를 요약하여 살펴보면 문화산업의 발전과 지역경제발전 간에는 일정한 연관이 있다. 입지지수가 1보다 높은 지역들은 호남성을 제외하고 대부분이 동부 지역에 위치하고 있다. 중국의 지역경제를 살펴볼 때 일반적으로 중 · 서부지역보다 동부지역의 지역경제발전 수준이 상대적으로 높기 때문에 문화산업의 발전과 지역경제발전 간에는 일정한 연관이 있음을 분석결과에서 알 수 있다.

〈표 3-4〉 중국의 문화산업 입지지수 추이

지역	2013	2014	2015	2016	평균
북경	1,346	1,423	1,314	1,248	1,333
천진	1,159	1,297	1,191	1,098	1,186
하북	0,523	0,537	0,537	0,582	0,545

산서	0.202	0.205	0.194	0.188	0.198
내몽골	0.188	0.151	0.128	0.134	0.151
요녕	0.612	0.557	0.484	0.442	0.524
길림	0.217	0.226	0.220	0.252	0.229
흑룡강	0.126	0.129	0.125	0.128	0.127
상해	1.359	1.251	1.375	1.376	1.340
강소	1.608	1.550	1.609	1.651	1.605
절강	1.139	1.088	1.125	1.094	1.112
안휘	0.880	0.895	0.947	0.927	0.912
복건	1.373	1.323	1.323	1.271	1.322
강서	0.908	0.904	0.936	1.006	0.939
산동	1.000	1.054	1.122	1.151	1.081
하남	0.832	0.874	0.877	0.871	0.863
호북	0.650	0.652	0.741	0.724	0.692
호남	1.614	1.762	1.807	1.815	1.750
광동	2.250	2.117	1.936	1.926	2.057
광서	0.790	0.796	0.706	0.633	0.731
해남	0.482	0.470	0.443	0.450	0.461
중경	0.608	0.687	0.713	0.696	0.676
사천	0.489	0.524	0.633	0.650	0.574
귀주	0.175	0.225	0.287	0.365	0.263
운남	0.309	0.329	0.347	0.399	0.346
서장	0.090	0.115	0.116	0.167	0.122
섬서	0.251	0.308	0.324	0.331	0.303
감숙	0.151	0.171	0.177	0.189	0.172
청해	0.343	0.370	0.375	0.373	0.365
녕하	0.287	0.302	0.342	0.342	0.318
신강	0.111	0.139	0.132	0.128	0.127

3. 중국 문화산업의 교역 현황

〈표 3-5〉는 중국 문화상품의 교역 현황을 보여주고 있는데 연도별 수출현황은 2015년 7,337백만 달러, 2016년 6,469백만 달러, 2017년 6,388백만 달러, 2018년 6,851백만 달러이며, 수입현황은 2015년 4,568백만 달러, 2016년 4,383백만 달러, 2017년 4,567백만 달러, 2018년 5,378백만 달러였다. 종합적으로 살펴보면 중국의 총 수출액이 2015년 7,337백만 달러에서 2018년에는 6,851백만 달러로 486백만 달러 감소하였지만 2015~2018년 기간 동안 지속적으로 문화산업 교역 수지 흑자를 내고 있다.

〈표 3-5〉 중국의 문화산업 수출입 규모 추이

(단위: 백만 달러, %)

산업구분	수출액				연평균 증가율
	2015	2016	2017	2018	
수공예품	565	215	128	197	-13.48
	(-5.44)	(-61.87)	(-40.48)	(53.86)	
영상음향	1,185	1,071	1,083	1,131	-1.17
	(-0.65)	(-9.63)	(1.13)	(4.48)	
도서출판	3,899	3,613	3,629	3,884	0.43
	(1.59)	(-7.33)	(0.43)	(7.02)	
악기	1,689	1,570	1,548	1,639	-0.96
	(-1.30)	(-7.00)	(-1.39)	(5.85)	
합계	7,337	6,469	6,388	6,851	-1.46
	(-0.02)	(-11.82)	(-1.26)	(7.25)	

산업구분	수입액				연평균 증가율
	2015	2016	2017	2018	
수공예품	360	137	77	194	3.72
	(-31.31)	(-61.94)	(-43.80)	(151.95)	
영상음향	2,196	2,228	2,373	2,619	3.73
	(-3.40)	(1.46)	(6.51)	(10.37)	
도서출판	1,673	1,642	1,714	2,076	2.81
	(-12.39)	(-1.85)	(4.38)	(21.12)	
악기	339	376	403	489	11.50
	(6.57)	(10.91)	(7.18)	(21.34)	
합계	4,568	4,383	4,567	5,378	2.20
	(-9.10)	(-4.05)	(4.20)	(17.76)	

주: ( )안의 숫자는 전년도 대비 증가율(%)을 나타냄.
자료: 유엔 상품무역 데이터뱅크(comtrade.un.org/db).

제4장

중국정부의 문화산업 정책

제1절 세계 주요국의 문화산업 정책

1. 미국

연방정부 차원의 콘텐츠 기업에 특화된 직접적 재정지원은 뚜렷하지 않으나, AR/VR/MR 등 실감형 콘텐츠, AI 융합 콘텐츠 등 미래 콘텐츠 기술 확보를 위한 기술개발프로그램에 대한 투자는 지속되고 있다. 대표적인 프로그램으로서 연방정부 차원의 범부처 IT R&D 프로그램인 NITRD(Networking and Information Technology Research & Development)를 꼽을 수 있으며, NITRD를 통해 지속해서 실감형 콘텐츠 등 미래 콘텐츠에 대한 기술지원을 추진하고 있다. 최근 NITRD 프로그램의 콘텐츠 부문 기술개발 및 지원은 AR/VR 기반의 가상 콘텐츠 기술과 더불어 AI 융합, 5G 기반의 실시간 원격실감 콘텐츠 기술을 활용하는 응용 분야에 중점을 두고 있다.[23]

또한 최근 미국 법무부는 2020년 8월 7일 자로 70년 넘게 법령으로 제정되어 있던 '파라마운트 합의 명령'이 공익에 도움이 되지 않는다고 판단하여 폐지했다. 그리고 미국 정부는 최근 영국, 인도, 터키, 오스트리아 등에서 추진 중이거나 도입된 디지털 서비스세 이슈에 대해 미국 기업을 겨냥한 차별적인 조세 조치로 바라보고 2021년 "NTE 보고서"를 통해 디지털세를 디지털 무역장벽으로 규정하였다.[24]

---

23 ibid, p.25
24 ibid, p.26

2. 일본

2013년 경제산업성은 콘텐츠해외유통촉진기구(Content Overseas Distributio Association, 이하 'CODA')를 통해 '콘텐츠 해적판 대책 강화 사업'을 추진하였다. 그리고 2019년 10월 지적재산전략본부는 「인터넷상의 해적판에 대한 종합적인 대책 메뉴 및 공정표」를 발표하며, 2021년까지 단계별로 콘텐츠 관련 부처들에게 해적판 콘텐츠문제해결을 위한 역할과 책임을 제시하기도 했다. 또한 2020년 6월 CODA는 해적판 대응을 위해 설립된 민간단체인 출판홍보센터(出版広報センター)'와 연계하여, 해적판 콘텐츠에 대한 심각성을 알리기 위해 〈STOP! 해적판 (STOP! 海賊版)〉 만화를 CODA 웹사이트에 연재하고 있다.[25]

또한 일본은 지역별로 특화된 콘텐츠 육성을 위해 2012년 「지방창생(地方創生)전략」을 선포하고, 기존의 특구 정책에 대한 강화 정책으로 2013년 국가전략 특구를 지정하였다. 그리고 COVID-19 시대 콘텐츠업계의 활성화를 위해 CiP 협의회는 '콘텐츠 전략 성명서'를 발표하였다. 성명서 내용은 다음의 5가지이다. ① 문화산업 생태계 보호를 위한 '장소만들기', ② 새로운 시대의 엔터테인먼트 창조를 위한 '신규 비즈니스 모델 창출', ③ 콘텐츠 업계 국제 경쟁력 강화를 위한 특구 활성화, ④ 콘텐츠 제공 효율 극대화를 위한 장르별 유통채널의 통합, ⑤ 새로운 사회의 유지 발전을 위한 '인재육성' 등이다.[26]

---

25 ibid, p.195-196

26 ibid, p.196-197

3. 한국

한국 문화산업이 빠르게 성장하고 세계에서도 발전수준이 높은 국가 중의 하나로 급부상 할 수 있었던 것은 국내·외 문화시장의 형세변화에 맞춰 한국 정부가 제정한 일련의 문화산업정책과도 떼어놓을 수 없다. 한국 문화산업정책을 대통령 및 임기에 근거하여 대체적으로 크게 5개 단계로 나누어 볼 수 있다(<표 4-1> 참조).

〈표 4-1〉 한국 문화산업 정책의 발전과정

대통령 및 임기	주요 기획	주요 조치
김영삼 (1993~ 1998)	- 문화의 세계화 전략. 문화 예술, 문화산업, 관광, 체육 등 국제화 정책 촉진.	- 1994년 '문화산업원' 설립.
김대중 (1998~ 2003)	- 1998년 '문화입국'전략, 문화산업 발전을 위한 정책을 최적화:〈문화산업진흥 5개년 계획〉, 〈21세기 문화산업비전〉 - 1999년〈문화산업진흥기본법〉제정.	- 문화예산을 국가 총 예산의 1%로 확대. - 2001년 '문화산업 진흥원' 설립.
노무현 (2003~ 2008)	- 〈창의 한국〉: 한국의 신문화, 문화의 다양성, 동아시아와의 문화교류 강화. - 2004년, 한국 문화상품 세계시장의 비중 3.5%로 도달. - 2006년〈아시아문화중심 도시 조성에 관한 특별법〉공포.	- 2003년 '아세아 문화산업 교류재단' 설립(2009년에 '한국 문화산업 교류재단'으로 개명). - '한류 지원정책협회' 설립.
이명박 (2008~ 2013)	- '국가 브랜드'전략: '문화한국' - 문화실력을 통하여 국가의 이미지 및 세계에서의 지위를 높임.	- 2009년 '국가브랜드 위원회' 설립. - 2012년 문화체육관광부에서 '한류문화진흥단' 설립. - 정부부문의 한류정책의 체계 화.

51

| 박근혜,
문재인
(2013~
2022) | - 박근혜 대통령 취임초기 '문화흥
성'을 향후 국가발전의 4대국정
기조 중 하나라 삼음.
- 문화와 첨단기술을 결합하여 문
화산업이 경제를 더 한층 이끌도
록 함. | - '문화일' 활동 설립.
- '문화기본법', '지역문화진흥법'
등 일련의 법률 제정. |

자료: 邢悅·李智珩(2014)을 기초로 저자 재정리.

제2절 중국 문화산업 정책의 발전과정 및 범주

1. 중국 문화산업 정책의 발전과정

중국 문화산업 정책은 「제10차 5개년 계획」에서 처음으로 제시되었고, 「제11차 5개년 규획」에서 중국 문화산업의 발전을 위한 여러 조례나 규정을 마련하였으며, 「제12차 5개년 규획」과 「제13차 5개년 규획」에서 문화산업을 국민경제의 전략산업으로 육성할 방침을 세움과 동시에 국가 전략적 신흥산업에 포함시키면서 점진적으로 발전해 왔다(<표 4-2> 참조).

〈표 4-2〉 중국 문화산업 정책의 발전과정

구분	시기	주요 내용
문화산업 발전 초기	제10차 5개년 계획 (2001~2005)	- 중국공산당 제15차 전국대표대회 「제10차 5개년 계획」에서는 문화산업정책을 수립하고, 문화시 건설과 관리를 강화하며, 문화산업의 발전을 추진하는 것을 강조함.

문화산업 발전기	제11차 5개년 규획 (2006~2010)	- 「제11차 5개년 규획」에서는 문화사업과 문화산업을 발전시키고, 금융, 보험, 물류, 정보, 법률, 복지 등 현대 서비스업을 발전시키는 내용을 포함함. - 「제11차 5개년 계획」에서는 교육, 문화, 출판, 광고, 영상 등 디지털 산업을 발전시키고, 풍부한 중문 디지털의 산업을 지향하며, 애니메이션산업을 발전시킬 것을 강조함. - 중국 문화부의 문화산업지구 관리를 강화시킴.
문화산업 융합발전기	제12차 5개년 규획 (2011~2015)	- 「제12차 5개년 규획」에서는 문화산업을 국민경제의 주력 산업으로 육성할 방침을 세움. - 이와 관련하여 중국 정부는 세부적인 문화산업 발전계획을 연이어 반포하여 문화체제 개혁의 심화, 주력 기업 육성, 대외 교류 및 홍보 강화, 전통 문화의 계승과 활용, 문화산업 건설 등 '문화강국'이 되기 위한 여러 가지 전략과 정책들을 실시함.
문화산업 확장기	제13차 5개년 규획 (2016~2020)	- 「제13차 5개년 규획」기간 문화창의산업을 국가 전략적 신흥산업 발전 목표에 포함시킴. - 이 기간 동안 문화산업을 격려하고 지원하는 등 지역화 특징이 뚜렷해지기 시작함. - 지역화와 관련하여 장강삼주, 서부 등 지역을 경제발전수준, 역사와 지리 등 방면의 요소 차이에 근거하여 5개 유형으로 나누어 각기 다른 문화산업 발전목표와 경로를 제정함.

자료: 김병철 · 이지윤(2012)과 이찬우(2017)을 기초로 저자 재정리.

2. 중국 문화산업 정책의 범주

중국 정부는 문화산업이 국가 경제 발전에 지대한 역할을 하고 있다는점을 인식해 많은 관련 정책을 추진하는 등 문화산업정책 시스템 구축에 집중하고 있다. 이러한 정책을 역할에 따라 분류하면 다음과 같다.

1) 문화산업의 지역구도 정책

문화의 발전은 경제발전과 밀접한 관계가 있기 때문에 경제 역량 차이에 따라 중국 내 동부와 중 · 서부 간의 문화 발전에도 차이가 있다. 따라서 문화산업의 지역 간 발전 격차를 줄이고 국민이 동등한 문화서비스를 누릴 수 있도록 지원하여야 할 필요성이 제기되어 왔다. 따라서 중 · 서부 및 소수 민족 지역의 풍부한 문화자원을 효과적으로 이용하여 실질적인 경제 효과로 전환시키면 동부와 중 · 서부의 선순환을 이루고, 횡적 협력을 촉진할 수 있다. 이를 위하여 도시와 농촌의 문화서비스 수준을 높이고, 농촌의 전통문화를 강조하여 각 지역 문화자원의 장점을 강조하고, 지역 문화의 특색을 발휘하여 문화상품의 소비시장을 개발하는 정책을 추진하고 있다. 특히 정부 지원자금을 지역의 문화산업에 지원하여 소수민족 문화 인재의 육성, 문화재 보호 등에 대한 혜택과 문화 소비시장을 개척하고, 문화산업 인프라를 구축하여 문화상품 개발을 장려하고 있다. 중국 정부의 문화산업 지역구도 정책의 주요 내용은 다음과 같다.[27]

① 중국 정부는 5년 간(2011~2016) 광저우(廣州)시에 매년 1억 5,000만 원을 소프트웨어 · 애니메이션 산업 육성에 지원하였다. 따라서 많은 도시에서 문화창조산업 발전에 대한 중요성을 높이는 동시에 일부 실제적 조치를 제정하여 해당 지역의 경제발전을

---

27 등전원, 중국과 한국의 문화산업 지원정책 비교분석에 관한 연구, 2020, pp.20

이끌고 지역의 문화역량을 제고시켰다.[28]

② 2012년 5월, '상하이(上海)시 문화콘텐츠 산업지원 재정보조 실
시방법'(시행)과 '2012년 상하이시 문화콘텐츠산업지원 재정보
조 신고지침'이 발표되었다. 그 후 상하이시의 전용자금은 1년
에 한 번씩 직접투자 방식으로 상하이 문화콘텐츠산업의 발전
을 지원하기 시작하였다.[29]

③ 베이징(北京)시가 문화콘텐츠산업 발전을 지원하는 것은 수도(首
都) 도시전략의 새로운 위상을 조성하고 비수도(非首都) 기능의
제거를 추진하며 고도의 경제구조를 조성하고 국제적인 일류
주거환경을 구축하는 데 중요한 의미를 갖는다. 베이징시는 '경
진기(京津冀) 동반성장 계획 요강', '베이징시 문화콘텐츠산업 기
능구(功能區) 건설 발전 계획'(2014~2020), '베이징시 문화콘텐츠산
업 업그레이드 계획'(2014~2020) 등을 기획하였다.[30]

2) 문화산업 기술정책

과학기술 혁신은 과학 기술과 인재의 역할을 강조함과 동시에 기
술 개발과 인재 육성을 촉진하며 문화와 과학기술을 접목해 문화 콘
텐츠의 핵심 경쟁력을 제고하여 최종적으로 국가의 경쟁력 향상을
가져올 수 있다. 중국 정부는 인재 양성을 위하여 고등학교부터 문화

---

28 ibid, p.21
29 ibid, p.21
30 ibid, p.21

산업의 성장에 기여할 수 있는 전문가 양성을 추진하였다. 또한 문화 과학기술 발전계획을 수립하고 발전의 우선 과제로 디지털 기술, 무선 인터넷을 확정하였다. 예를 들어 최근 몇 년 간 광저우시에 의탁하여 과학기술과 정보화 등의 기초 역량을 축적, 발현시켜 문화 창의와 테크놀로지를 상호 촉진하는 역할을 하게 하였다. 이를 통해 문화와 과학기술이 융합한 문화산업의 새로운 경영방식을 모색하여 문화상품을 산출하는 과학기술형 기업(인터넷 게임, 인터넷TV, 컴퓨터 그래픽, 출판, 디지털 음악, 창의 설계 등)들이 다수 등장하게 하였다. 이런 기업들은 문화기업의 형태전환과 고도화 및 지역 경제발전에 중요한 추진역할을 한다.[31]

3) 문화산업 무역정책

중국 정부는 문화산업의 수출을 장려하기 위해 시장 개척, 세관 통관 등에 정책 지원을 했다. 국내 전시회에 대한 지원, 그리고 출판물과 공연, 민족 무용 등의 해외 진출을 위한 해외 전시회 참가 지원도 추진하였다. 또한 지역 정부에서도 국제 문화 박람회, 교류회 등의 개최도 지원하기도 하였다.[32]

---

31 ibid, p.21-22

32 ibid, p.22

〈표 4-3〉 중국 문화산업 정책의 범주

문화산업 정책 구분	주요내용
문화산업 지역구도 정책	- 문화 소비 시장 개척 - 문화산업 기초 시설 세움 - 문화 제품 개발 장려
문화산업 기술 정책	- 기술 개발과 인재 육성 가속화 - 문화 과학기술 발전 계획 세움 - 발전의 우선 임무를 확정
문화산업 무역정책	- 정부 측에서 시장 개척 - 세관 통관 등에서 정책 지원 - 국내 전시회(展覽會), 교류회 등의 개최 지원

자료: 등전원(2019)

제5장

추정방법 및 기존 연구

추정방법

1. 생산성

생산성이란 제품 생산이나 서비스 제공에 있어 투입대비 얼마만큼의 산출이 이루어 졌는지를 나타내는 지표이다. 생산성의 대표적인 종류로는 단일요소생산성(single factor productivity)과 총요소생산성(total factor productivity 또는 multifactor productivity)이 있다.

대표적인 단일요소생산성으로 노동생산성이 있으며, 이는 노동력이 성, 연령, 학력, 기술수준 등 인적속성에 대해 동질적(homogeneous)이라는 가정 하에 노동투입 당 산출의 비율로 정의된다. 이 외 단일요소생산성으로는 자본생산성, 원재료생산성 등이 있다. 하지만 단일요소생산성은 생산과정에서 발생하는 전반적인 생산효율성을 측정하기에는 한계가 있다.

한편 총요소생산성(Total Factor Productivity: TFP)은 노동과 자본 등 총요소투입 단위당 산출량의 비율을 의미하는데 여러 가지 생산요소가 투입되는 경제에서 요소투입량과 산출량 간의 관계를 나타낸다. 다만 요소투입에는 노동과 자본 이외에 경제성장에 기여하는 부분을 전부 포괄한다. 즉, 기술진보, 산업구조, 경제제도 및 사회·문화적인 관습 등 생산성에 영향을 미치는 제반 요인이라 할 수 있다. 그러나 실제로 이 성장요인들을 식별하여 추정하기 어렵기 때문에 총칭하여 총요소생산성이라고 부른다. 본 연구에서는 총요소생산성으로 생산성을 대체하기로 한다.

1990년대 중반까지 대부분의 연구는 솔로우의 잔차 추정방법 (Solow's residual method)이라 불리는 성장계정 추정방법(growth accounting method) 또는 Törnqvist 생산성 지수를 이용하여 총요소생산성의 증가율을 추정하였다. 그 중에서 성장계정 추정방법을 이용하여 총요소생산성을 추정한 연구들이 많이 있으나 총요소생산성의 증가율을 추정함에 있어서 적절한 추정방법에 대한 일치된 견해는 이루어지지 않고 있다. 그러나 1990년 중반 이후에 총요소생산성의 증가율을 추정함에 있어서 자주 사용되고 있는 방법이 맘퀴스트 생산성 변화지수(Malmquist Productivity Change Index: MPI)이다.

Fare et. al(1994)은 산출량 기준 맘퀴스트 생산성 지수는 기준연도 선택에 따라 지수의 변화가 나타날 수 있으므로 두 개의 산출량 거리함수들의 기하평균으로 아래와 같이 정의하였다.

$$M(h^t, h^{t+1}) = [M^t \cdot M^{t+1}]^{1/2}$$

$$= \left(\frac{D^t(h^{t+1})}{D^t(h^t)} \cdot \frac{D^{t+1}(h^{t+1})}{D^{t+1}(h^t)} \right)^{1/2} \quad \cdots\cdots\cdots\cdots\cdots\cdots\cdots\cdots\cdots(1)$$

위의 식(1)에서 $h^t = (x^t, y^t)$로서 x^t는 t년도의 j개의 투입물 벡터(vector)이며, y^t는 t년도의 k개의 산출물 벡터를 의미한다. 그리고 $D^t(h^{t+1})$는 t년도의 생산기술을 기준으로 $(t+1)$년도의 투입-산출량을 이용하여 추정하는 거리함수(distance function)를 뜻한다. 만약에

지수 값이 1보다 크면 총요소생산성의 증가를 나타내고, 1보다 작으면 총요소생산성의 하락을 나타내며, 1이면 총요소생산성이 변화하지 않았음을 나타낸다. 식(1)은 다음과 같이 재서술할 수 있다.

$$MPI(h^t, h^{t+1}) = \frac{D^{t+1}(h^{t+1})}{D^t(h^t)} \left(\frac{D^t(h^{t+1})}{D^{t+1}(h^{t+1})} \cdot \frac{D^t(h^t)}{D^{t+1}(h^t)} \right)^{1/2}$$

$$= EC \cdot TC \quad \text{..} (2)$$

식(2)의 괄호 밖의 항은 기간 t와 기간 $t+1$의 거리함수의 비율로서 효율성의 변화지수, 즉 관측된 생산량이 생산가능성곡선에 얼마나 가까워졌는가를 나타내고 괄호 항의 기하평균은 기간 t와 기간 $t+1$의 기술수준의 변화지수, 즉 주어진 투입요소에 대해 전체 생산가능성곡선이 얼마나 상승하는지를 나타낸다. 따라서 맘퀴스트 생산성 변화 지수(MPI)는 효율성 변화지수(EC)와 기술적 변화지수(TC)로 분해할 수 있다.[33]

---

33 효율성 변화지수는 순수 효율성 변화지수(pure efficiency change index)와 규모의 효율성 변화지수(scale efficiency change index)로 재분해할 수 있다. 추정방법에 대한 자세한 내용은 Fare et al. (1994) 참조.

〈그림 5-1〉 산출물 기준의 거리함수

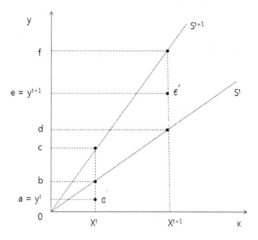

위〈그림 5-1〉에서 점 a'는 단일 산출물과 단일 투입물의 생산조합인 (x^t, y^t)로 이루어졌고 여기에서 y^t는 기간 t의 투입량 x^t에서 생산된 실제 산출량이다. 마찬가지로 점 e'는 단일 산출물과 단일 투입물의 생산조합인 (x^{t+1}, y^{t+1})로 이루어졌고 여기에서 y^{t+1}는 기간 $t+1$의 x^{t+1}에서 생산된 실제 산출량이다. 식(2)는 〈그림 5-1〉을 통해서 표현하면 다음과 같다.

$$M(h^t, h^{t+1}) = \frac{0e/0f}{0a/0b}\left(\frac{0e/0d}{0e/0f} \cdot \frac{0a/0b}{0a/0c}\right)^{1/2}$$

$$= \frac{0e/0f}{0a/0b}\left(\frac{0f}{0d} \cdot \frac{0c}{0b}\right)^{1/2} \quad \cdots\cdots\cdots\cdots\cdots\cdots\cdots\cdots\cdots\cdots\cdots(3)$$

식(3)에서 괄호 밖의 부분은 두 기간 간에 효율성 변화지수의 변화율을 나타내며 괄호 안의 부분은 두 기간 간에 기술진보의 정도를 나타낸다.

그리고 식(2)를 추정하기 위해서는 4개의 거리함수들 $D^t(h^t)$, $D^{t+1}(h^{t+1})$, $D^t(h^{t+1})$, $D^{t+1}(h^t)$을 추정해야 하는데 선형계획법을 이용한 **DEA**(Data Envelopment Analysis) 방법을 많이 이용하고 있다. 규모에 대한 수확불변(constant returns to scale)을 가정하여 지역 i에 대한 t년도의 $D^t(h^t)$를 추정하면 아래와 같다.

$$\left[D_i^t(h_i^t)\right]^{-1} = \max\theta_i$$

$$s.t. : \theta_i y_m^t, i \leq \sum_{k=1}^{K} w_k^t y_m^t, k, \qquad m = 1, ..., M. \quad \cdots\cdots (4\text{-}1)$$

$$\sum_{k=1}^{K} w_k^t X_n^t, k \leq X_n^t, i, \qquad n = 1, ..., N. \quad \cdots\cdots\cdots (4\text{-}2)$$

$$w_k^t \geq 0, \qquad k = 1, ..., K. \quad \cdots\cdots\cdots (4\text{-}3)$$

위의 식에서 $n = 1, ..., N$은 투입요소를 나타내고 $m = 1, ..., M$은 산출물을 나타낸다. 그리고 거리함수 $D^{t+1}(h^{t+1})$, $D^t(h^{t+1})$, $D^{t+1}(h^t)$도 동일한 방법으로 추정할 수 있다.

$D^t(h^{t+1}):$

$\left[D_i^t(h_i^{t+1})\right]^{-1} = \max\theta_i$

$$s.t.: \theta_i y_m^{t+1}, i \leq \sum_{k=1}^{K} w_k^t y_m^t, k, \qquad m = 1, ..., M. \cdots\cdots(5\text{-}1)$$

$$\sum_{k=1}^{K} w_k^t X_n^t, k \leq X_n^{t+1}, i, \qquad n = 1, \quad, N \cdots\cdots(5\text{-}2)$$

$$w_k^t \geq 0, \qquad k = 1, ..., K. \cdots\cdots(5\text{-}3)$$

$D^{t+1}(h^t):$

$\left[D_i^{t+1}(h_i^t)\right]^{-1} = \max\theta_i$

$$s.t.: \theta_i y_m^t, i \leq \sum_{k=1}^{K} w_k^{t+1} y_m^{t+1}, k, \quad m = 1, ..., M. \cdots\cdots(6\text{-}1)$$

$$\sum_{k=1}^{K} w_k^{t+1} X_n^{t+1}, k \leq X_n^t, i, \qquad n = 1, ..., N. \cdots\cdots(6\text{-}2)$$

$$w_k^{t+1} \geq 0, \qquad k = 1, ..., K. \cdots\cdots(6\text{-}3)$$

$D^{t+1}(h^{t+1}):$

$\left[D_i^{t+1}(h_i^{t+1})\right]^{-1} = \max\theta_i$

$$s.t.: \theta_i y_m^{t+1}, i \leq \sum_{k=1}^{K} w_k^{t+1} y_m^{t+1}, k, \quad m = 1, ..., M. \cdots\cdots(7\text{-}1)$$

$$\sum_{k=1}^{K} w_k^{t+1} X_n^{t+1}, k \leq X_n^{t+1}, i, \qquad n = 1, ..., N. \cdots\cdots(7\text{-}2)$$

$$w_k^{t+1} \geq 0, \qquad k = 1, ..., K. \cdots\cdots(7\text{-}3)$$

2. 지역화

지역화란 지역사회가 지역적인 문제의 해결에서 중심적 역할을 수행하게 되는 것을 말한다. 지역화는 특정한 국가 내에서만 일어나는 것이 아니라 국제적 차원에서도 이루어진다.

산업의 지역화는 해당 산업이 특정 지역에 집중하는 정도가 높아지는 것을 말한다. 이론적으로 볼때 지역화는 공간집적을 통해 확산효과와 외부경제를 창출할 수 있다. 따라서 지역경제발전을 위해서는 산업을 분산시키기 보다는 집중시키는 것이 더욱 유리할 수 있다 (김상욱, 2016b).

본 연구에서는 지역화 정도를 파악하기 위해 김상욱(2016b)의 연구에 이용된 후버의 지역화계수를 이용한다. 후버의 지역화계수는 아래 식(8)과 같은 입지지수(Location Quotient)를 이용하고 있다. 후버의 지역화계수는

$$입지지수: LQ_{ijt} = \frac{E_{ijt}}{E_{iNt}} \Big/ \frac{E_{jt}}{E_{Nt}} \quad \cdots\cdots\cdots\cdots\cdots\cdots\cdots\cdots\cdots\cdots\cdots\cdots(8)$$

여기서 E_{ijt}는 t년도 j지역의 i산업의 취업자 수를 나타내고, E_{jt}는 t년도 j지역의 모든 산업의 취업자 수를 나타낸다. 그리고 E_{iNt}는 t년도 전국의 i산업의 취업자 수를 나타내고, E_{Nt}는 t년도 전국의 모든 산업의 취업자 수를 나타낸다. 입지지수가 1보다 크면 t년도의 i산업이 j지역에 밀집되어 있음을 의미한다.

3. 무역경쟁력

무역경쟁력은 한 국가나 지역 경제를 반영하는 주요한 척도로서 해당 국가나 지역의 대외 무역 활동 능력을 통해 반영되고 현지 기업의 이윤의 높낮이와도 밀접한 관계가 있다. 또한 한 지역의 산업체인(産業鏈條)이 얼마나 잘 갖춰져 있는지를 반영하기도 한다.

무역경쟁력을 반영하는 지표로는 현시성 비교우위지수(Revealed Comparative Advantage), 무역특화지수 또는 무역경쟁력지수(Trade Specialization Coefficient), 수출시장점유율(Export Market Share) 등이 있다. 본 연구에서는 무역특화지수와 수출 시장점유율을 이용하여 중국 문화산업의 무역경쟁력을 측정하기로 한다.

1) 수출 시장점유율

수출 시장점유율은 한 국가의 수출총액이 세계 수출총액과의 비율을 말하는 것이고, 한 국가의 수출 경쟁력을 반영한다. 수출 시장점유율의 수치가 높을수록 이 상품의 해당 산업에서의 국제경쟁력이 높고 수치가 낮을수록 국제경쟁력이 낮다고 평가한다.

2) 무역특화지수

무역특화지수는 특정 시장 사이의 양국간 비교우위를 분석하여 특정 산업(상품)의 수출경쟁력을 알아보는 지수로 해당 국가 산업(상품)의 수출액에서 수입액을 차감한 순수출액을 수출액과 수입액을 더한 총 무역액으로 나누어 산출한다.

지수 값을 –1에서 +1까지 구분하여 결과값이 0인 경우는 상대적 무역경쟁력 비교우위 수준을 중간정도로 평가하며, –1일 경우는 완전 수입특화이며, 1인 경우는 완전 수출특화 상황이다. 수출 각도에서 볼 때, +1에 가까워질수록 특정산업(상품)의 국제경쟁력이 강해져서 비교우위 수준이 높은 것으로 평가한다.

제2절 기존 연구

중국 문화산업의 지역별·산업별 생산성의 변화를 분석한 기존연구들에서 우선 지역별 생산성의 변화를 분석한 연구들을 살펴보면 다음과 같다. 王家庭·張容(2009)은 DEA 3단계 모델을 이용하여 2004년 중국 31개 성·시의 문화산업의 효율성을 측정하였다. 분석결과, 환경 요인이 각 지역의 문화산업 발전에 영향을 많이 미치는데 그 중에서 지역 경제발전 수준과 시장수요가 지역 문화 산업의 발전에 긍정적인 영향을 미치는 반면에 과도한 문화산업 기업 수, 불합리한 문화사업단위체제(文化事業單位體制), 그리고 정부의 문화사업에 대한 재정지원이 문화산업의 발전을 어느 정도 저애하는 것으로 나타났다. 한편, 환경과 임의요소(隨機因素)의 영향을 제거한 후 각 성·시의 문화산업의 기술적 효율성은 전반적으로 낮고 규모 효율성은 특히 더 낮은 것으로 나왔다. 또한 지역별로 차이를 보였는데 동부지역의

69

효율성이 가장 높고 그 다음으로 중부, 서부지역 순으로 나타났다. 袁海·吳振榮(2012)는 중국의 31개 성급 지역을 대상으로 DEA 방법을 이용하여 2004~2008년 기간 동안의 효율성을 실증분석하였다. 그 결과, 2004~2008년 기간 동안 중국의 문화산업의 효율성은 지속적으로 개선되었는데 지역적으로 보았을 때, 동부지역이 중·서부지역에 비해 개선정도가 더욱 빠르게 나타났다. 김상욱(2016a)은 DEA-Malmquist 지수를 이용하여 31개 성·시·자치구를 연구대상으로 2005~2013년 기간 동안 중국의 문화산업의 효율성의 변화를 분석하였다. 분석결과에 의하면 2005~2013년 기간 동안 중국의 문화산업은 효율성이 개선되었는데 효율성 개선은 주로 질적인 발전이 아닌 양적인 성장에 기인하고 있는 것으로 나타났다. 또한 지역별로는 중부 지역의 효율성 개선정도가 가장 높고 그 다음으로 동부지역이고 서부지역은 효율성의 개선이 나타나지 않았으며 개별 성·시·자치구 분석에 있어서 지역별 편차가 크게 나타나고 있음을 발견하였다.

한편, 중국 문화산업의 산업별 생산성에 관련하여 분석한 기존연구들을 살펴보면 아래와 같다. 胡雙紅(2020)은 2013~2017년 기간 동안 중국 문화산업의 3개 업종인 문화제조업, 문화서비스업, 문화유통업을 대상으로 DEA-Malmquist 생산성 지수를 이용하여 생산성 변화를 측정하였다. 추정결과에 의하면 중국 문화산업의 3개 업종의 생산성 및 생산성 개선의 주요요인에 이질성(異質性)이 있고 3개 업종의 총요소생산성은 부동한(不同的) 지역에 따라 차이가 있는 것으로 나타났다. 韓海彬·王雲鳳(2022)은 Minds 모델과 Malmquist 생산성 지수를 이용하여 2013~2019년 기간 동안의 패널자료를 이용하여 중국 30개 성(省)의 문화산업의 효율성과 생산성 특징을 분석하였다. 분석 결과에 의하면, 중국 문화산업의 효율성은 28.9%의 개선여지가 있고, 지역별로 보면 동부지역은 기술진보의 퇴보가 생산성 하락을 초래하였고 중·서부지역과 동북지역의 생산성 감소는 효율성의 악화가 주요요인인 것으로 나타났다. 산업별로 보면 문화서비스업의 생산성 증가에 기술진보가 견인작용을 하였고 문화제조업과 문화서비스업의 생산성 감소에는 효율성과 기술진보의 악화가 각각 주요 영향을 미친 것으로 나타났다. 이외에 중국 문화산업의 지역별·산업별 생산성과 관련하여 蔣萍·王勇(2011), 鄭世林·葛珺沂(2012), 馬躍如·白勇·程偉波(2012), 李興江·孫亮(2013), 揭誌強(2013), 吳慧香(2015), 郭淑芬·王艷芬·黃桂英(2015), 郭淑芬·郭金花(2017) 등 논문이 발표되었다.

다음 중국 문화산업의 지역화에 관련하여 분석한 기존연구들을 살펴보면 아래와 같다. 김상욱(2016b)은 우선 지역별 문화산업의 발전현황과 특징을 분석하고 문화산업을 문화제조업, 문화유통업, 그리고 문화서비스업으로 구분하고 각 부문별로 지역별 발전현황을 지역격차와 지역집중 측면에서 중국의 31개 성·시·자치구를 연구대상으로 입지계수를 이용하여 분석하였다. 입지지수의 분석결과에 의하면 문화산업은 동부지역의 지역경제발전수준이 높은 지역을 중심으로 지역화 정도가 높게 나타났고 문화유통업과 문화서비스업의 지역화 정도가 문화제조업에 비해 상대적으로 높게 나타났다.

71

한편, 중국 문화산업의 지역화 결정요인만을 다룬 연구들도 있다. 袁海(2010)는 2005~2008년 기간 동안의 패널자료를 이용하여 중국 문화산업의 집적에 영향을 미치는 경제지리(經濟地理)와 산업정책 요인들에 대해 실증분석을 하였다. 그 결과, 정부의 재정정책은 문화산업 집적에 긍정적인 작용을 하는 반면에 금융서비스 정책은 영향을 미치는 않는 것으로 나타났다. 그리고 문화소비수요, 문화기업 수, 인적자본수준과 도시화 수준은 문화산업 집적과 (+)의 관계를 보였다. 또한 연해지역과 문화자원품부(文化資源稟賦)는 문화산업 집적에 긍정적인 작용을 하며 신(新)경제지리와 산업정책 요인을 통제했을 때에는 경제지리가 문화산업 집적에 더 이상 영향을 미치지 않는 것으로 나타났다. 王猛 · 王友鑫(2015)은 2003~2011년 기간 동안의 35개 대 · 중(大·中)도시를 연구대상으로 문화산업의 집적 영향요인들에 대해 실증분석을 하였다. 실증분석 결과, 산업구조, 인적자본, 산업정책은 서부도시의 문화산업 집적을 크게 촉진시켰으나 동 · 중부 도시에는 영향을 미치지 않았다. 그리고 다양화 정도는 동 · 중부 도시 문화산업의 집적화에 긍정적인 영향을 미치는 반면에 서부 도시에는 영향을 미치지 않았다. 또한 전문화정도는 동부도시의 문화산업 집적과는 (−)의 관계를 가지고 있는 반면에 중 · 서부도시의 문화산업 집적에는 긍정적인 작용을 보였으며 기반시설은 도시 문화산업 집적에 영향을 미치지 않는 것으로 나타났다. 張變玲(2016)은 2005~2013년 기간 동안의 중국 30개 성 · 시 · 자치구를 대상으로 중국 문화산업집적에 미치는 결정요인들을 실증분석을 하였다. 중국 문화산업집적에 미치는 요인을 크게 전통 경제지리, 신(新)경제지리, 그리고 산업정책으로 나누어 분석하였다. 분석결과, 전통 경제지리 요인들은 문화산업 집적에 긍정적인 작용을 하였지만 다른 요인들을 추가하였을 경우에는 더 이상 영향을 미치는 않는 것으로 나타났다. 그리고 신경제지리 요인인 인적자본, 도시화, 소비수요와 문화시장 경영기구 수(文化市場經營機構數)는 문화산업 집적과 (+)의 관계를 보였다. 또한 산업정책의 요인인 재정지출과 정부규모 지표는 문화산업 집적에 각각 (+)와 (−)의 부호를 띠었으며 금융발전 지표는 영향을 미치지 않는 것으로 나타났다.

그리고 중국 문화산업의 지역화 및 결정요인을 동시에 다룬 논문들도 있는데 戴鈺(2013)는 집취도(區位熵)를 이용하여 2005~2009년 기간 동안의 호남성(湖南省) 문화산업의 집취도를 측정함과 동시에 주성분 분석 및 인자분석을 이용하여 호남성 문화산업의 지역화에 영향을 주는 요인들에 대해 실증분석하였다. 분석결과에 의하면, 2004~2007년 기간 동안의 호남성의 집취도는 1보다 작게 나타났고 2008~2009년 기간 동안에는 1보다 크게 나타났다. 그리고 집적수준에 영향을 주는 인자(因子)를 발전조건에 의하여 나누어 볼 때 요소품부(要素稟賦), 시장수요, 연관산업과 정부지지 등 네가지로 볼 수 있는데 그 중에서 주요인자로는 수요, 정책, 문화환경 등 인자를 꼽을 수 있으며 시·주(市·州)별로 문화산업의 집적수준의 격차가 큰 것으로 나타났다. 肖博華·李忠斌(2014)은 집취도(区位熵), 집중치(集中值), 집적지수(集聚指數)를 이용하여 2004~2010년 기간 동안의 중국 31개 성·시·

자치구를 대상으로 중국 문화산업의 집적도와 결정요인에 대해 실증분석을 하였다. 분석결과에 의하면 동부, 중부, 서부, 동북지역의 집취도의 연평균치는 각각 0.9427, 0.8687, 1.6097, 0.7211으로 서부지역이 가장 높게 나타났다. 연평균 증가추세를 볼 때, 12개 성 · 시가 증가추세를 보였는데, 이들 지역은 서북과 서남지역의 청장고원(青藏高原)지역에 집중되었고 나머지 19개 성 · 시는 감소추세를 보였다. 그리고 도시화, 교육경비(敎育經費), 도소매업(零售業), 과학기술과 체신업무량(郵電業務量)은 중국의 문화산업 집적에 긍정적인 영향을 미치는 반면에 업종 종사자 임금, 금융지원, 재정지출 등 요인은 영향을 미치지 않는 것으로 나타났다. 이외에 중국 문화산업의 지역화 및 지역화 결정요인과 관련하여 雷宏振 · 潘龍梅 · 雷蕾(2012), 蘇雪串(2012), 喻莎莎(2013), 劉珊(2014), 張惠麗 · 王成軍 · 金青梅(2014), 孫智君 · 李響(2015), 魏和淸 · 李穎(2021), 葉前林 · 劉海玉 · 朱文興(2022) 등 논문이 발표되었다.

또한 중국 문화산업의 무역경쟁력에 관련하여 분석한 기존연구들을 살펴보면 아래와 같다. 羅立彬 · 孫俊新(2013)은 국제시장점유율, 무역경쟁력지수와 현시비교우위지수를 이용하여 중국 문화상품과 문화서비스의 무역경쟁력을 비교분석하였다. 그 결과, 중국 문화상품의 무역경쟁력은 비교적 강한 반면에 문화서비스는 약한 것으로 나타났다. 또한 상품의 성질, 산업발전, 시장경쟁, 산업가치사슬 분해정도, 외자(外資)참여도 등 방면에서 중국 문화상품 및 문화서비스 무역경쟁력 현황에 대해 분석하였다. 그리고 중국 국내요소품부(國內

要素禀賦)변화, 1인당 수입수준 변화, 문화서비스산업 시장화정도, 국제화 정도 및 연관정책 영역 추세 등에서 볼 때 중국 문화서비스 무역경쟁력은 계속 제고되는 것으로 나타났다.

한편 중국 문화산업의 무역경쟁력을 다른 국가와의 비교를 통해 분석함과 동시에 중국과 다른 국가들 간의 무역관계도 함께 연구한 논문들도 있다. 하영·김창경(2012)은 현시비교우위지수, 무역경쟁력지수, 무역특화지수를 이용하여 중한 양국의 핵심문화상품무역의 경쟁력과 산업분업에 대해 비교분석하였다. 분석결과에 의하면, 중국의 시각매체, 시각예술, 출판인쇄는 대 세계교역에 있어서 강한 경쟁력을 가진 반면에 음향제품은 국제경쟁력이 약한 것으로 나타났다. 그리고 음향제품은 한국이 중국에 비해 경쟁력이 우세한 반면에 시각매체, 시각예술, 출판인쇄는 열세인 것으로 나타났다. 산업분업 각도에서 보면, 중국의 인쇄업은 한국에 대해 수입특화에서 수출특화로 변하고 있고 음향제품은 수입특화 상태에 처해있으며 시각예술과 시각매체는 수출전문화 양상을 보이고 있는 것으로 나타났다. 강승호(2016)는 특화지수, 결합도지수, 그리고 시장점유율 할당모델을 이용하여 중국과 한국 문화산업의 무역관계를 분석함으로써 양국이 문화산업 세계시장과 양국시장에 있어서 경쟁력이 어떠한지와 더불어 양국간에 상호 긴밀도를 분석하여 정책적 시사점을 도출하였다. 본 연구결과에 의하면 중국의 문화상품은 대 세계교역에 있어서 거대한 무역흑자를 보였고, 한국은 적자구조를 보였으며 중국의 대 세계교역에서 시청각제품 분야를 제외한 공예품, 뉴미디어,

공연예술품, 시각예술품 특히 디자인 분야에서 강한 경쟁력을 보였지만 한국시장에서는 약화되었다. 그리고 한국은 대 세계교역에 있어서 문화무역의 경쟁력이 약하고 수입특화를 보였는데 대 중국 교역에 있어서 더욱 큰 수입특화를 보였다. 또한 무역결합도 분석결과 한국의 대 중국 문화산업 수출의 무역결합도는 중국의 대 한국 결합도에 비해 매우 작은것으로 나타났다.

　마지막으로 문화상품의 수출결정요인에 관련하여 분석한 기존연구들을 살펴보면 아래와 같다. 曲如曉 · 韓麗麗(2010)는 1992~2008년 기간 동안 중국과 9개 국가 간의 문화상품 무역과 관련한 패널자료를 이용하여 실증분석을 하였다. 분석결과에 의하면 무역 대상국의 경제규모, 주민 구매력, 국토면적, 과학기술 응용수준, 중국과의 문화거리, 가변수(虛擬變量)인 공동언어 등 요인들이 문화상품의 수출에 긍정적인 작용을 하였다. 그리고 무역대상국의 무역조건 및 중국과의 지리거리 등 요인들은 음(-)의 부호를 띠어 문화상품의 수출을 저애하는 것으로 나타났다. 또한 경제규모, 주민구매력 및 가변수인 무역파트너와 동일한 무역자유지역에 포함되어 무역혜택정책을 누리는 지 등 요인들은 문화상품의 수출에 영향이 크지 않은 것으로 나타났다. 賈曉朋 · 呂拉昌(2017)은 중국 핵심문화상품을 대상으로 지리학 각도에서 종합적으로 문화상품의 수출에 미치는 영향을 실증분석하였다. 실증분석 결과, 문화상품의 수출은 무역규모, 산업구조, 경제규모, 국토면적, 시장규모 등 요인에 영향을 받는데 그 중에서 무역규모, 산업구조와 경제규모가 문화상품의 수출에 미치는 주요

요인인 것으로 나타났다. 呂蓉慧 · 周升起(2020)의 분석결과에 의하면
중국의 경제발전 수준, 문화생산요소 투입이 문화상품의 수출과 정
(+)의 관계를 보였으며 무역대상국의 경제발전상황도 본 국민의 수
요에 영향을 주어 문화상품의 수출에 영향을 미치는 것으로 나타났
다. 이외에 중국 문화산업의 무역경쟁력 및 수출 결정요인과 관련하
여 方英 · 魏婷 · 虞海俠(2011), 許和連 · 鄭川(2014), 정우식 · 노준석(2015),
李欣(2015), 高鶴 · 王巖(2016), 藍天呂 · 文琦(2018), 石友梅(2018), 隋瀟 · 王
珂 · 張立新(2019), 周升起 · 呂蓉慧(2019) 등 논문이 발표되었다.

제6장

중국 문화산업의 지역별 분석

본 장에서는 중국의 31개 성·시·자치구(省·市·自治區)의 문화산업의 생산성이 얼마나 변화하였는지, 그리고 31개 성·시·자치구를 동부, 중부, 그리고 서부지역으로 나누어 어떻게 변화하였는지를 맘퀴스트 생산성 변화지수를 이용하여 살펴보고자 한다. 또한 입지지수를 이용하여 중국 문화산업의 지역화 정도를 지역별로 비교분석함과 동시에 문화산업의 지역화 결정요인을 실증분석하고자 한다.

제1절 중국 문화산업의 지역별 생산성 분석

1. 사용자료

본 절에서는 분석 기간 동안 중국의 문화산업의 생산성을 분석하기 위해 사용한 자료는 2007~2014년의 31개 성·시·자치구에 대한 8년간의 자료이며 중국 문화문물 통계연감(中國文化文物統計年鑒)에서 주로 구해졌다. 산출요소로는 영업수입을, 투입요소는 취업자수, 자산을 선정하였다. 그리고 상대적 비교에 있어서 객관성을 높이기 위해 김상욱(2016a)의 방법을 이용하여 산출요소와 투입요소를 기업 수로 나누었다.

본 절은 중국의 문화산업의 생산성 변화의 특성을 분석하기 위하여 중국을 동부, 중부, 그리고 서부지역 등 세 권역으로 나누었다. 동부는 11개 성 · 시(省 · 市)로 구성되었는데 북경, 천진, 하북, 요녕, 상해, 강소, 절강, 복건, 산동, 광동, 해남성이다. 중부는 10개 성 · 시 · 자치구(省 · 市 · 自治區)가 포함되는데 산서, 내몽골, 길림, 흑룡강, 안휘, 강서, 하남, 호북, 호남, 광서이며 서부는 중경, 사천, 귀주, 운남, 서장, 섬서, 감숙, 청해, 녕하, 신강 등 10개 성 · 시 · 자치구(省 · 市 · 自治區)로 구성되어 있다.

〈표 6-1〉은 본 절에서 사용되는 산출량과 투입량의 변화 추이를 나타내고 있다. 표에서 보시다시피 영업수입, 취업자 수, 그리고 자산이 분석 기간 동안 증가와 감소를 반복하고 있음을 알 수 있다.

〈표 6-1〉 중국 문화산업의 연도별 통계요약

구분	영업수입		취업자수		자산	
	억 위안	증감율(%)	천 명	증감율(%)	억 위안	증감율(%)
2008	947	-22.9	1,410	2.3	1,608	-35.5
2009	969	2.3	1,295	-8.2	1,418	-11.8
2010	1,070	10.4	1,389	7.3	1,615	13.9
2011	1,608	50.4	1,573	13.2	2,760	70.9
2012	2,003	24.5	1,608	2.2	3,675	33.1
2013	1,367	-31.8	1,452	-9.7	2,905	-20.9
2014	1,614	18.1	1,324	-8.8	2,564	-11.7
평균	1,368	7.3	1,436	-0.2	2,364	5.4

자료: 중국 문화문물통계연감

2. 추정결과

본 절에서는 중국의 문화산업의 생산성 변화를 분석하기 위하여 Coelli(1996)의 프로그램, DEAP 2.1을 사용하여 Malmquist 지수를 추정하였다.

〈표 6-2〉에서 보시다시피 분석 기간 동안 전국 문화산업의 생산성은 연평균 3% 감소하였는데 그 중에서 효율성이 연평균 6% 감소한 반면에 기술진보는 연평균 3% 증가하였다. 따라서 분석 기간 동안 기술진보의 변화가 양의 영향을 줌에도 불구하고, 효율성의 감소폭이 커서 전국의 문화산업의 생산성이 감소하였다. 문화체제개혁 확산시기인 2007~2009년 기간에는 매년 문화산업의 생산성이 악화되고 있으나 2009년 이후부터는 대체적으로 개선되고 있는데, 이는 주로 기술진보의 개선에 의함을 알 수 있다.

전국을 동부, 중부, 그리고 서부로 나누어 문화산업의 생산성의 변화를 살펴보면, 서부는 연평균 4.8% 증가하였고, 중부와 동부는 각각 연평균 5.1%, 5.6% 감소하였다. 따라서 서부의 문화산업의 생산성이 증가하였음에도 불구하고, 동부와 중부의 감소폭이 커서 전국의 문화산업의 생산성이 감소함을 알 수 있다. 이를 좀 더 세부적으로 생산성 변화를 살펴보면, 서부는 효율성과 기술진보가 각각 1.1%, 3.6% 증가하여 기술진보가 문화산업의 생산성의 증가를 주도하였고 동부와 중부는 기술진보는 증가한 반면에 효율성이 감소하여 두 지역 모두 문화산업의 생산성이 감소하였다. 이처럼 동부와 중

83

부의 문화산업의 생산성이 감소한 원인은 다양하게 분석할 수 있겠
으나 본 연구의 분석결과에 한정하여 유추하면 기술진보 즉 양적성
장에 지나치게 의존하고 있는 데에서 찾을 수 있다.

Malmquist지수를 성 · 시 · 자치구별로 세부적으로 살펴보면 분석
기간 동안 7개 지역은 생산성이 증가하고 있으며 24개 지역은 생산
성이 감소하고 있다. 그 중 생산성이 가장 크게 증가한 지역은 감숙
성인데 42.9% 증가하였고 그 다음으로는 신강, 복건, 북경 순이다.
이 지역들을 살펴보면 모두가 생산성을 증가시키는데 효율성이 주
도적 역할을 한 것으로 볼 수 있다. 반면에 이 기간에 요녕성과 서장
자치구는 생산성이 각각 27%, 18.7% 감소하여 지역별 생산성의 편
차가 매우 크게 나타나고 있다.

〈표 6-2〉 Malmquist 지수를 이용한 중국의 성 · 시 · 자치구별 문화산업의 생산성

지역	맘퀴스트 지수	효율성	기술진보	순수 효율성	규모 효율성
북경	1.064	1.142	0.932	1.141	1.001
천진	0.901	0.843	1.069	0.793	1.064
하북	0.922	0.902	1.023	0.915	0.986
산서	0.966	0.924	1.045	0.910	1.015
내몽골	0.934	0.919	1.016	1.001	0.919
요녕	0.730	0.721	1.012	0.764	0.943
길림	0.990	0.960	1.031	1.052	0.913
흑룡강	0.981	0.949	1.034	1.232	0.770
상해	0.982	0.827	1.188	0.804	1.029
강소	0.985	0.932	1.056	0.902	1.034
절강	0.914	0.889	1.028	0.855	1.039

안휘	0.843	0.738	1.142	0.722	1.022
복건	1.226	1.177	1.042	1.119	1.052
강서	0.878	0.922	0.953	0.932	0.989
산동	0.901	0.873	1.033	0.892	0.978
하남	0.946	0.922	1.026	0.929	0.992
호북	1.017	0.960	1.060	0.970	0.989
호남	0.991	1.000	0.991	1.078	0.928
광동	0.868	0.923	0.940	0.875	1.054
광서	0.941	0.916	1.027	0.952	0.962
해남	0.888	0.935	0.951	0.912	1.025
중경	0.978	0.986	0.992	0.977	1.009
사천	1.035	0.988	1.048	0.957	1.032
귀주	0.946	0.898	1.053	0.918	0.978
운남	0.949	0.903	1.051	0.829	1.089
서장	0.813	0.817	0.995	0.750	1.089
섬서	0.983	0.923	1.064	0.858	1.076
감숙	1.429	1.353	1.056	1.344	1.007
청해	1.030	0.996	1.035	1.014	0.982
녕하	0.978	0.931	1.051	0.947	0.983
신강	1.336	1.319	1.013	1.000	1.319
동부 평균	0.944	0.924	1.025	0.907	1.019
중부 평균	0.949	0.921	1.033	0.978	0.950
서부 평균	1.048	1.011	1.036	0.959	1.056
2007-2008	0.824	2.803	0.294	2.216	1.265
2008-2009	0.717	0.709	1.012	0.753	0.941
2009-2010	1.341	1.71	0.784	1.563	1.094
2010-2011	0.945	1.014	0.932	0.961	1.055
2011-2012	0.882	0.887	0.994	0.914	0.97
2012-2013	1.093	0.485	2.254	0.589	0.824
2013-2014	1.123	0.447	2.515	0.473	0.945
평균	0.970	0.943	1.030	0.938	1.005

아래에 혁신 지역을 식별하기 위하여 기술진보 지수의 거리함수들을 살펴보아야 하는데, 혁신 지역의 식별 조건은 다음과 같다(Fare et. al, 1994).

$$TC_t^{t+1} > 1 \quad\text{(1-1)}$$

$$D^t(x^{t+1}, y^{t+1}) > 1 \quad\text{(1-2)}$$

$$D^{t+1}(x^{t+1}, y^{t+1}) = 1 \quad\text{(1-3)}$$

첫 번째 식은 기술진보 변화지수가 1보다 크기 때문에 기술진보가 발생했다는 것을 의미하고, 두 번째 식은 $(t+1)$시점의 생산점이 t시점의 $PPF(D^t(\cdot))$밖에 위치함을 의미한다. 마지막으로 세 번째 식은 $(t+1)$시점의 생산점이 $(t+1)$시점의 $PPF(D^{t+1}(\cdot))$상에 위치하고 있음을 의미한다. 위의 세 조건을 동시에 충족시키는 지역은 t시점과 $(t+1)$시점 사이에 기술혁신 지역으로 식별된다.

〈표 6-3〉 혁신 지역 식별(1)

지역 \ 연도	2009	2010	2011	2012	2013	2014
상해	○	○	○	-	-	-
산동	-	○	-	-	-	-
광동	-	-	-	○	-	-
내몽골	-	-	-	-	○	-
감숙	-	-	-	-	-	○
신강	-	-	-	-	-	○

주: ○은 해당 연도에 혁신 지역으로 식별되었음을 의미함.

〈표 6-3〉을 통해서 혁신지역을 살펴본 결과, 상해시가 연속 3회 식별되었고, 산동, 광동, 내몽골, 감숙, 신강이 각각 1회 식별되었다. 지역별로 보았을 때, 동부지역은 3곳, 서부지역은 2곳, 그리고 중부지역은 1곳이 기술혁신 지역으로 식별되었다.

따라서 본 절에서의 분석결과를 종합해 보면 분석 기간 동안 중국의 지역별 문화산업의 생산성은 악화되었고 지역별로 격차가 존재하고 있다. 지역별로 볼 때 서부지역의 생산성이 동부와 중부지역보다 높게 나타났는데, 이는 서부지역의 문화산업의 발전 잠재력이 동부와 서부 지역보다 크다고 해석할 수 있다. 또한 동부와 중부지역은 상대적으로 서부지역에 비해 기술진보 즉 양적 성장에 크게 의존하고 있는 것으로 나타났다.

제2절 중국 문화산업의 지역화 분석

1. 사용자료

본 절에서 중국 문화산업의 지역화 정도를 분석하기 위해 사용한 자료는 2015년과 2016년의 31개 성·시·자치구에 대한 2년간의 자료이며 중국 국가통계청에서 주로 구해졌다. 중국의 문화산업의 지역화 정도를 비교하기 위해 본 절에서는 고용 즉 종사자수를 이용한다. 본 절에서는 중국이 새롭게 분류한 2012년 분류기준에 의하여 문화산업을 문화제조업과 문화유통업, 그리고 문화서비스업으로 구분하여 지역화 정도를 분석한다.

　문화제조업의 종사자 수가 가장 많은 지역은 광동성으로 2016년 기준에 의하면 139만 명 정도가 종사하고 있다. 전국에서 차지하는 비중은 26.74%로 매우 높은 수준이다. 그 다음은 강소성으로 전국 비중은 14.51%이다. 전국 비중이 5%가 넘는 지역은 광동성과 강소성 외에도 산동성, 호남성, 절강성, 복건성, 그리고 하남성 순이며 이들 7개 지역의 전국 비중은 77.25%로 매우 높은 수준이다.

　문화유통업의 종사자 수가 가장 많은 지역은 광동성으로 2016년 기준에 의하면 8만 명 정도가 종사하고 있다. 전국에서 차지하는 비중은 14.64%로 높은 수준이며 그 다음은 강소성으로 전국 비중은 12.38%이다. 전국 비중이 5%가 넘는 지역은 이 두 지역 외에 산동성, 북경시, 절강성, 하남성, 그리고 상해시 순이며 이들 7개 지역의 전국 비중은 64.03%로 높은 수준이다.

　문화서비스업의 종사자 수의 지역별 비중을 2016년 기준으로 보면 가장 많은 지역이 북경시로 40만 명 정도가 종사하고 있으며 전국에서 13.61%를 차지하고 있다. 그 다음은 강소성으로 전국 비중은 12.88%이며 전국 비중이 5%가 넘는 지역은 북경시와 강소성 외에 광동성, 상해시, 절강성 순이며 이들 5개 지역의 전국 비중은 54.5%로 비교적 높은 수준이다(<표 6-4> 참조).

〈표 6-4〉 중국 문화산업의 종사자수(2016)

지역	문화제조업		문화유통업		문화서비스업	
	종사자수 (명)	비중 (%)	종사자수 (명)	비중 (%)	종사자수 (명)	비중 (%)
북경	34,799	0.67	45,476	8.02	401,006	13.61
천진	76,012	1.46	8,469	1.49	68,573	2.33
하북	106,951	2.06	17,815	3.14	56,539	1.92
산서	11,790	0.23	6,044	1.07	21,707	0.74
내몽골	4,743	0.09	2,788	0.49	11,658	0.40
요녕	36,273	0.70	9,829	1.73	74,707	2.53
길림	11,083	0.21	4,141	0.73	24,333	0.83
흑룡강	11,084	0.21	3,110	0.55	12,315	0.42
상해	91,785	1.76	33,622	5.93	295,467	10.03
강소	754,733	14.51	70,172	12.38	379,671	12.88
절강	353,880	6.80	44,390	7.83	167,518	5.68
안휘	155,221	2.98	17,121	3.02	61,140	2.07
복건	318,642	6.12	12,219	2.16	83,299	2.83
강서	177,372	3.41	9,633	1.70	44,173	1.50
산동	512,398	9.85	46,695	8.24	122,590	4.16
하남	306,128	5.88	39,635	6.99	140,058	4.75
호북	100,662	1.93	21,742	3.83	131,493	4.46
호남	382,564	7.35	18,192	3.21	102,073	3.46
광동	1,391,412	26.74	83,010	14.64	362,567	12.30
광서	86,167	1.66	6,497	1.15	31,103	1.06
해남	3,376	0.06	1,237	0.22	17,596	0.60
중경	48,289	0.93	13,931	2.46	77,864	2.64
사천	137,330	2.64	19,547	3.45	92,491	3.14
귀주	17,340	0.33	4,077	0.72	33,866	1.15
운남	27,271	0.52	9,216	1.63	44,937	1.52
서장	828	0.02	177	0.03	1,560	0.05

섬서	23,166	0.45	9,153	1.61	50,048	1.70
감숙	6,482	0.12	4,288	0.76	13,206	0.45
청해	7,600	0.15	850	0.15	3,029	0.10
녕하	4,299	0.08	685	0.12	6,796	0.23
신강	3,043	0.06	3,235	0.57	13,652	0.46

주: 비중은 부문별 전국의 종사자 수 대비 각 지역의 종사자 수가 차지하는 비중을 뜻함.
자료: 중국 국가통계청

2. 추정결과

〈표 6-5〉는 지역별 종사자 수를 이용하여 2015년과 2016년의 중국의 문화제조업, 문화유통업 그리고 문화서비스업의 입지지수를 계산한 결과이다. 2015년의 문화제조업의 입지지수가 1보다 큰 지역에는 천진시, 강소성, 절강성, 안휘성, 복건성, 강서성, 산동성, 하남성, 호남성, 광동성 10개 지역이다. 2016년에는 이들 10개 지역에서 천진시와 하남성이 제외되어 모두 8개 지역의 입지지수가 1보다 크다. 2015년과 2016년의 문화제조업의 지역별 입지지수를 비교해보면 천진시, 절강성, 안휘성, 복건성, 하남성, 광동성은 감소하고 있으며, 강소성, 강서성, 산동성, 호남성은 증가하고 있다.

문화유통업의 지역별 입지지수를 보면 2015년에는 북경시, 천진시, 상해시, 강소성, 절강성, 산동성, 호북성, 호남성, 광동성, 중경시의 입지지수가 1보다 크다. 그리고 2016년에는 하북성, 안휘성, 하남성이 추가로 1보다 크게 나타나고 있다.

문화서비스업의 입지지수가 1보다 큰 지역은 2015년에는 북경시,

천진시, 요녕성, 상해시, 강소성, 절강성, 복건성, 호북성, 호남성, 광동성, 해남성, 중경시 12개 지역이며, 2016년에는 안휘성, 하남성, 사천성이 추가되어 모두 15개 지역이다. 2015년과 2016년의 입지지수를 비교해보면 2015년에 입지지수의 값이 1보다 큰 지역이 2016년에는 천진시를 제외하고 입지지수의 값이 모두 증가하고 있다.

지역별 입지지수의 분석결과를 요약하여 살펴보면 첫째는 문화산업의 업종별로 지역화가 다르게 나타나고 있다. 업종별로 보면 문화유통업과 문화서비스업은 입지지수 값이 1보다 큰 지역이 점차적으로 증가하고 있는 반면에 문화제조업은 감소하고 있다. 또한, 문화제조업의 지역화 정도가 가장 높은 지역은 광동성과 호남성이며, 문화유통업과 문화서비스업은 북경시와 상해시가 높다. 둘째는 문화산업의 종사자수의 전국 비중이 높은 지역의 지역화 정도가 상대적으로 높다. 입지지수가 1보다 큰 지역들은 대부분 종사자수의 비중이 높은 지역들이다. 셋째는 문화산업의 발전과 지역경제발전 간에는 일정한 연관이 있다. 입지지수가 1보다 높은 지역들은 대부분이 동부 지역에 위치하고 있다. 반면에 서부지역은 문화유통업과 문화서비스업의 중경시와 문화서비스업의 사천성 뿐이다. 중국의 지역경제를 살펴볼 때 일반적으로 서부지역보다 동부지역의 지역경제발전 수준이 상대적으로 높기 때문에 문화산업의 발전과 지역경제발전 간에는 일정한 연관이 있음을 분석결과에서 알 수 있다.

<표 6-5> 중국 문화산업의 지역별 입지지수

지역	문화제조업		문화유통업		문화서비스업	
	2015	2016	2015	2016	2015	2016
북경	0.1805	0.1598	2.3151	2.0758	4.3771	4.4670
천진	1.0268	0.9659	1.0847	1.0698	2.1193	2.1140
하북	0.5848	0.6077	0.7143	1.0063	0.6045	0.7794
산시	0.1177	0.0995	0.4863	0.5071	0.3908	0.4445
내몽골	0.0609	0.0588	0.3122	0.3435	0.3012	0.3506
요녕	0.2775	0.2352	0.6234	0.6337	1.1566	1.1754
길림	0.1227	0.1250	0.3835	0.4645	0.5085	0.6661
흑룡강	0.0972	0.0948	0.2697	0.2644	0.2086	0.2555
상해	0.5338	0.5313	1.6751	1.9349	3.9288	4.1496
강소	1.7520	1.8318	1.6429	1.6932	1.9381	2.2357
절강	1.2217	1.2122	1.4922	1.5117	1.2774	1.3922
안휘	1.0948	1.0909	0.9146	1.1962	0.9968	1.0425
복건	1.7404	1.7314	0.6514	0.6601	1.0382	1.0981
강서	1.2374	1.3671	0.7062	0.7381	0.6588	0.8260
산동	1.4446	1.5320	1.2120	1.3879	0.7942	0.8892
하남	1.0121	0.9716	0.9509	1.2506	0.9039	1.0785
호북	0.5089	0.5086	1.1926	1.0921	1.5099	1.6118
호남	2.4451	2.4459	1.0399	1.1563	1.2124	1.5833
광동	2.5880	2.5830	1.3484	1.5320	1.3216	1.6330
광서	0.8440	0.7801	0.5801	0.5848	0.7025	0.6832
해남	0.1376	0.1212	0.4199	0.4416	1.3787	1.5330
중경	0.4811	0.4250	1.3102	1.2190	1.4327	1.6627
사천	0.6433	0.6337	0.9016	0.8968	0.8098	1.0355
귀주	0.1231	0.2029	0.3925	0.4744	0.7820	0.9617
운남	0.1882	0.2365	0.9145	0.7947	0.7433	0.9456

서장	0.0937	0.0955	0.1990	0.2030	0.2004	0.4366
섬서	0.1789	0.1646	0.6454	0.6466	0.7352	0.8629
감숙	0.0980	0.0903	0.5865	0.5936	0.3440	0.4461
청해	0.4160	0.4377	0.4598	0.4867	0.4140	0.4232
녕하	0.2355	0.2210	0.3331	0.3500	0.7474	0.8475
신강	0.0357	0.0345	0.3665	0.3647	0.3628	0.3756
전국 평균	0.6943	0.6966	0.8427	0.8895	1.0935	1.2260

제3절 문화산업의 지역화 결정요인 실증분석

1. 이론적 배경 및 결정 요인 모형

본 절에서는 포터의 다이아몬드 모델에 근거한 肖博华·李忠斌 (2014)의 방법을 참고하여 생산요소, 시장수요, 연관 산업과 정부행위 등 방면으로 문화산업의 지역화 결정요인을 분석하고자 한다.

도시화의 발전은 법체계, 교통통신망, 문화관 등 각종 인프라의 개선을 촉진하여 거래 비용을 낮추어 문화기업의 현지 집적을 유도하는 데 유리하다. 그리고 문화산업은 일반적으로 인적 자본이 풍부한 지역에 집적된다. 또한 한 지역의 과학기술 수준이 높을수록 문화의 전파와 교류를 촉진할 수 있어 한 지역의 과학기술 수준 향상은 그 지역의 지역화를 가속화 할 수 있다. 본 절에서는 생산요소의 대리변수로 도시화수준의 지표인 도시인구 비중, 취업자 수 비중, 특허출원 건 비중을 사용한다.

93

또한 가계소득이 높을수록 문화산업에 대한 소비 여력이 강하고 잠재시장이 활성화될수록 문화산업의 지역화 발전 양상은 좋아질 수 있다. 본 절에서는 문화소비지출과 전국 평균치 비율을 시장수요의 대리변수로 사용한다.

그리고 체신(邮电)업무의 발달은 정보통신의 지역별 빠른 이동성과 문화상품 및 서비스를 촉진하여 문화산업의 지역화를 가속화할 수 있다. 이와 반면에 체신업무의 발달은 환경오염 등을 야기하여 문화산업의 지역화를 저애할 수도 있다. 연관 산업의 대리변수로 본 절에서는 체신업무량 비중을 사용하기로 한다.

또한 정부가 문화산업에 투자 가능한 금액이 많아짐에 따라 문화산업에 대한 투자강도(投資力度)도 커지면서 투자의 승수효과(乘數效應)를 가져올 수 있다. 이러한 정부투자는 문화산업에 대한 자원최적화를 가속화함과 동시에 문화산업이 발전하는데 있어서 양호한 환경을 마련하여 최종적으로 문화산업의 지역화 향상을 가져올 수 있다. 반면에 정부조직상의 특성으로 인하여 정부개입이 원래 의도와 달리 오히려 효율성을 저하시켜 문화산업의 지역화를 저애하는 부정적인 효과를 낼 수 있다. 본 절에서는 지역별 문화산업에 대한 재정지출과 전국 평균치 비율을 정부행위의 대리변수로 사용하기로 한다.

본 절에서는 중국 31개 성 · 시 · 자치구에 대하여 2013~2020년 기간 동안의 패널자료를 이용하여 문화산업의 지역화 결정요인을 실증 분석하기 위한 회귀방정식은 다음과 같다.

94

$$\ln LQ_{it} = \beta_0 + \beta_1 \ln PAT_{it} + \beta_2 \ln URB_{it} + \beta_3 \ln EMP_{it} + \beta_4 \ln CON_{it} +$$
$$\beta_5 \ln TEL_{it} + \beta_6 \ln EXP_{it} + \delta_i + \Upsilon_t + \varepsilon_{it}$$

위의 모형에서 $\ln LQ_{it}$는 중국의 t년도 i지역에 대한 문화산업 입지지수의 자연로그 값, $\ln PAT_{it}$는 t년도 i지역 특허출원 건 비중의 자연로그 값, $\ln URB_{it}$는 t년도 i지역 도시화 수준의 자연로그 값, $\ln EMP_{it}$는 t년도 i지역 취업자 수 비중, $\ln CON_{it}$는 t년도 i지역 문화 소비지출과 전국 평균치 비율의 자연로그 값, $\ln TLE_{it}$는 t년도 i지역 체신 업무량 비중의 자연로그 값, $\ln EXP_{it}$는 t년도 i지역 재정지출과 전국 평균치 비율의 자연로그 값, δ_i는 중국의 31개 지역의 고정효과, Υ_t는 시간효과, 그리고 ε_{it}는 오차 항이다.

본 절은 균형 패널 자료를 이용하기 때문에 패널자료 분석 기법으로 고정효과(fixed effect: FE)모형과 확률효과(random effect: RE)모형을 적용하였는데 Hausman 검정을 이용하여 두 모형 중 어느 하나를 선택하기로 한다.[34]

2. 사용자료

본 절에서 중국 문화산업의 지역화 결정요인 실증분석을 위해 사용한 자료는 2013~2020년의 중국 31개 성 · 시 · 자치구에 대한 8년

---

[34] 고정효과모형과 확률효과모형 설정과 관련한 Hausman 검정에 대한 구체적인 내용은 Hausman(1978)을 참조.

간의 자료이며 중국 국가통계청에서 주로 구해졌다.

〈표 6-6〉은 위에서 설명한 변수들의 기초 통계자료를 나타낸다. 표본 자료에 대하여 살펴보면 2013~2020년 기간 동안 일부분 변수들의 최대값과 최소값의 격차가 큼을 알 수 있다. 체신업무량은 1,164배, 취업자 수는 1,582배, 특허출원 건은 무려 2,500배 정도 차이가 나고 있다.

〈표 6-6〉 사용변수들의 기초 통계량(1)

변수	평균값	표준편차	최소값 (A)	최대값 (B)	B/A
각 지역 집적도(지수)	0.650	0.481	0.063	2.250	36
(각 지역 특허출원 건/전국)비율	0.0323	0.0424	0.0001	0.2283	2,485
각 지역 도시인구 비중	59.368	12.539	23.930	89.600	4
(각 지역 취업자 수/전국)비율	0.0323	0.0444	0.0002	0.2444	1,582
(각 지역 문화소비지출/전국 평균치)비율	0.985	0.348	0.174	2.269	13
(각 지역 체신 업무량/전국)비율	0.0323	0.0473	0.0002	0.2759	1,164
(각 지역 재정지출/전국 평균치)비율	1.000	0.571	0.201	3.237	16

3. 추정결과

〈표 6-7〉은 문화산업의 지역화 결정요인에 대한 추정 결과를 제시하고 있다. 모든 설명변수들에 대해 단계적 회귀분석(逐步回歸)을 실시하는 과정에 취업자 수(EMP)와 도시화 수준(URB) 변수를 모형에 추가할 경우에 설명변수가 통계적으로 유의미하지 않거나 모형의 설명력을 의미하는 값이 악화되어 취업자 수와 도시화수준 변수를 제

거하고 최종적으로 통계적으로 유의미한 변수가 가장 많고 모형의 설명력을 의미하는 R^2값이 가장 높은 [모형 4]를 얻었다.

〈표 6-7〉에서 [모형 4]의 각 설명변수가 문화산업의 지역화에 미친 효과를 살펴보면, 특허출원 건(PAT), 체신 업무량(TEL), 문화소비지출(CON)순으로 지역화에 영향을 미치며 긍정적인 것으로 나타났다. 이와 반면에 재정지출(EXP)은 지역화에 부정적인 것으로 나타났다. 〈표 6-7〉에서 [모형 4]의 각 설명변수의 영향을 좀 더 세부적으로 살펴보면, 시장수요 지표로 사용된 문화소비지출의 설명변수의 추정계수는 0.209이며 10% 유의수준에서 통계적으로 유의미함을 나타내고 있다. 이는 문화산업의 소비력이 높을수록 문화산업의 지역화를 가속화함을 나타내고 있어 문화산업의 발전도 문화소비에 대한 시장의 강력한 수요를 떠날 수 없음을 보여주고 있다.

또한 연관 산업의 지표로 사용된 체신업무량의 추정계수는 0.212이며 1% 유의수준에서 통계적으로 유의미함을 나타내고 있다. 이는 문화산업과 밀접한 관계가 있는 체신산업의 발전이 문화산업을 이끄는 견인작용을 하며 제품의 수송(輸送)을 통하여 문화산업의 최종가치 실현에 영향을 미치고 있음을 보여주고 있다.

그리고 생산요소의 지표로 사용된 특허출원 건의 설명변수의 추정계수는 0.327이며 1% 유의 수준에서 통계적으로 유의미함을 나타내고 있다. 따라서 문화소비지출이나 체신업무량보다 더 큰 영향을 미치는 것으로 추정되었다. 이러한 결과는 아무래도 기술혁신을 중요시하는 문화산업의 속성으로 인해 문화소비지출이나 체신업무량에 비해 특허출원 건은 기술진보와 직접적인 관계에 있기 때문에 문화산업의 지역화에 좀 더 탄력적으로 반영된 것으로 보인다.

마지막으로 정부행위의 지표로 사용된 재정지출의 설명변수의 추정계수는 肖博華 · 李忠斌(2014)와 같이 음(-)의 부호를 띠고 있으며 1% 유의수준에서 통계적으로 유의미한 것으로 보아 최근 몇 년간 문화산업 체제 개혁의 초보적인 효과로 문화산업은 비교적 완벽한 시장화를 추구하고 있음을 알 수 있다.

〈표 6-7〉 문화산업의 지역화 결정요인의 회귀분석 결과

설명변수 \ 모형	모형 1	모형 2	모형 3	모형 4
절편	1.077*** (0.000)	0.933*** (0.000)	-1.060*** (0.000)	1.493*** (0.000)
lnPAT	0.429*** (0.000)	0.391*** (0.000)	0.274*** (0.000)	0.327*** (0.000)
lnCON		0.249** (0.050)	0.232* (0.064)	0.209* (0.090)
lnTEL			0.149*** (0.006)	0.212*** (0.000)
lnEXP				-0.327*** (0.002)
R^2	0.558	0.565	0.579	0.595
Hausman 검증: RE VS FE	FE	FE	FE	FE

주: 1) 괄호 안은 p값; 2) *, **, ***는 각각 10%, 5%, 1% 유의수준을 뜻함.

제4절 소결

　제1절에서는 Malmquist 생산성 변화 지수를 이용하여 2007~2014
년의 중국의 31개 성·시·자치구의 문화산업의 생산성 변화를 측
정하였다. Malmquist 생산성 변화 지수 분석결과에 의하면, 첫째로
분석 기간 동안 전국 문화산업의 생산성은 연평균 3% 감소하였는데
그 중에서 효율성이 연평균 6% 감소한 반면에 기술진보는 연평균
3% 증가하였다. 따라서 분석 기간 동안 기술진보의 변화가 양(＋)의
영향을 줌에도 불구하고, 효율성의 감소폭이 커서 전국의 문화산업
의 생산성이 감소하였다.

　둘째, Malmquist지수를 성·시·자치구별로 세부적으로 살펴보
면 분석 기간 동안 생산성이 가장 크게 증가한 지역은 감숙성인데
42.9% 증가한 반면에 이 기간에 요녕성과 서장자치구는 생산성이
각각 27%, 18.7% 감소하여 지역별 생산성의 편차가 매우 크게 나타
나고 있다. 마지막으로 전국을 동부, 중부, 그리고 서부로 나누어 문
화산업의 생산성의 변화를 살펴보면, 전국의 문화산업의 생산성에
서부지역이 견인차 역할을 한 것으로 나타났으며 그 요인이 바로 기
술진보의 개선에 있는 것으로 추정되었다. 동부와 중부는 분석 기간
동안 문화산업의 생산성이 감소하였다. 종합해서 볼 때, 지역별, 개
별 지역분석에 있어서 대부분의 지역이 질적 발전보다는 양적 성장
에 지나치게 의존하는 것으로 나타나고 있다.

　제2절에서는 입지지수를 이용하여 중국 문화산업의 지역화 정도

를 지역별로 비교분석하였는데 입지지수의 분석결과에 의하면 문화제조업 보다는 문화유통업과 문화서비스업의 지역화 정도가 상대적으로 높게 나타나고 있다. 그리고 문화산업의 종사자 수와 지역화 정도 간에 상관성이 존재하는데 종사자 수 비중이 높은 지역의 지역화 정도가 높다. 또한, 문화산업은 동부 지역의 지역경제발전수준이 높은 지역을 중심으로 지역화 정도가 높게 나타나고 있다.

제3절에서는 2013~2020년 기간 동안 중국 문화산업의 31개 성 · 시 · 자치구에 대한 8년간의 자료를 이용하여 생산요소, 시장수요, 연관 산업과 정부행위 등 네 개 방면으로 문화산업의 지역화 결정요인을 분석하였다. 각 설명변수가 지역화에 미친 효과를 살펴보면, 특허출원 건, 체신업무량, 문화소비지출순으로 지역화에 영향을 미치며 긍정적인 것으로 나타났다. 이와 반면에 재정지출은 지역화에 부정적인 것으로 나타났다.

제7장

중국 문화산업의 산업별 분석

본 장에서는 중국의 문화산업을 문화제조업, 문화서비스업, 문화
유통업, 이 3개 업종으로 나누어 이 3개 업종이 지역별로 생산성이
얼마나 변화하였는지, 그리고 이 3개 업종의 31개 성·시·자치구(省
·市·自治區)를 동부, 중부, 그리고 서부지역으로 나누어 어떻게 변화
하였는지를 맘퀴스트 생산성 변화지수를 이용하여 살펴보고자 한
다. 다음 중국 문화산업의 무역경쟁력을 수출시장점유율과 무역특
화지수를 이용하여 분석함과 동시에 문화상품의 수출 결정요인에
대해 함께 분석하고자 한다.

제1절 중국 문화산업의 산업별 생산성 분석

1. 사용자료

본 절에서는 분석 기간 동안 중국의 문화산업의 생산성을 분석하
기 위해 사용한 자료는 2013~2020년의 31개 성·시·자치구(省·市·
自治區)에 대한 8년간의 자료이며 중국 국가통계청에서 주로 구해졌
다. 산출요소로는 영업수입을, 투입요소는 취업자수, 자산을 선정하
였다. 그리고 상대적 비교에 있어서 객관성을 높이기 위해 김상욱
(2016a)방법을 이용하여 산출요소와 투입요소를 기업 수로 나누었다.
본 절은 중국의 문화산업의 생산성 변화의 특성을 분석하기 위하
여 중국을 동부, 중부, 그리고 서부지역 등 세 권역으로 나누었다. 동

부는 11개 성·시(省·市)로 구성되었는데 북경, 천진, 하북, 요녕, 상해, 강소, 절강, 복건, 산동, 광동, 해남성이다. 중부는 10개 성·시·자치구(省·市·自治區)가 포함되는데 산서, 내몽골, 길림, 흑룡강, 안휘, 강서, 하남, 호북, 호남, 광서이며 서부는 중경, 사천, 귀주, 운남, 서장, 섬서, 감숙, 청해, 녕하, 신강위구르 등 10개 성·시·자치구(省·市·自治區)로 구성되어 있다. 〈표 7-1〉은 위에서 설명한 변수들의 기초 통계자료를 나타낸다.

〈표 7-1〉 중국 문화산업의 업종별 통계요약

문화제조업							
변수	평균값	중앙값	최소값	최대값	표준편차	왜도	첨도
영업수입/억 위안	1,353.48	419.28	0.98	10,016.52	2,132.97	2.44	5.61
취업자수/천 명	153.02	44.14	0.38	1,501.61	265.10	3.18	11.39
자산/억 위안	1,022.94	424.40	4.00	7,890.84	1,603.47	2.47	5.78
문화유통업							
변수	평균값	중앙값	최소값	최대값	표준편차	왜도	첨도
영업수입/억 위안	546.49	177.14	1.25	4,203.02	860.63	2.23	4.61
취업자수/천 명	17.11	9.86	0.07	87.38	19.28	1.70	2.47
자산/억 위안	342.73	136.12	0.88	2,373.23	486.38	2.85	3.01
문화서비스							
변수	평균값	중앙값	최소값	최대값	표준편차	왜도	첨도
영업수입/억 위안	946.84	255.49	0.40	12,215.64	1,788.70	3.16	11.61
취업자수/천 명	95.64	50.12	0.28	493.82	116.68	1.86	2.69
자산/억 위안	2,008.31	789.35	0.71	21,227.84	3,340.50	2.83	8.64

2. 추정결과

본 절에서는 중국의 문화산업의 산업별 생산성 변화를 분석하기 위하여 Coelli(1996)의 프로그램, DEAP 2.1을 사용하여 Malmquist 지수를 추정하였다. 〈그림 7-1〉의 각 누적지수는 2013년을 100으로 하여 구하였다. 〈그림 7-1〉에서 보시다시피 분석 기간 동안 기술진보의 하락이 전국 문화산업의 생산성의 감소로 이어진 것을 알 수 있다. 구체적으로 살펴보면 전국 문화산업의 생산성은 연평균 2.5% 감소하였는데 그 중에서 효율성이 연평균 0.4% 증가한 반면에 기술진보는 연평균 2.5% 감소하였다.

〈그림 7-1〉 중국 문화산업의 효율성, 기술진보, 생산성의 변화추이(2013=100)

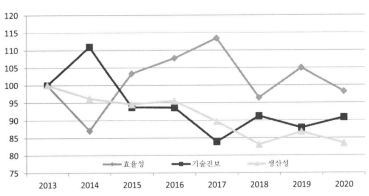

〈그림 7-2〉는 전국 문화산업을 문화제조업, 문화유통업, 그리고 문화서비스로 나누어 효율성의 추이를 나타내고 있다. 전체 분석 기간

105

에 문화제조업, 문화유통업, 그리고 문화서비스 간의 효율성 격차가 클 뿐만아니라 전국 문화산업 및 세 업종이 전체적으로 생산성이 감소하는 추세를 보이고 있다. 그 중에서 2016~2017년, 2017~2018년 기간 동안 전국 문화산업의 생산성이 현저하게 하락하였는데, 이는 문화제조업과 문화유통업의 효율성의 감소가 이 두 업종의 생산성의 하락을 야기하여 최종적으로 2016~2017년, 2017~2018년, 이 두 기간 동안 중국 문화산업의 생산성이 크게 하락하였다. 전체 분석 기간 동안 전국 문화산업의 생산성은 연평균 2.5% 감소하였는데 그 중에서 문화제조업, 문화유통업, 그리고 문화서비스업이 각각 연평균 1.6%, 3.6%, 2.2% 감소하였다.

〈그림 7-2〉 중국 문화산업의 업종별 생산성의 변화추이(2013=100)

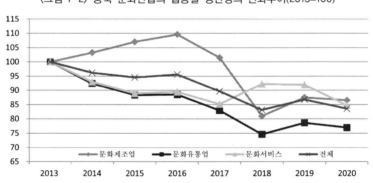

〈표 7-2〉는 중국 문화산업의 3개 업종의 동부, 서부, 그리고 중부 지역별 효율성(EC), 기술진보(TC), 그리고 생산성(MPI)의 변화를 나타내고 있다. 이를 좀 더 세부적으로 살펴보면, 문화제조업은 동부지역

106

에서 생산성의 개선이 주로 이루어졌는데 기술진보가 주도적 역할을 하였다. 이 중에서 동부지역이 0.7% 증가하였고 중부와 서부지역은 각각 5.4%와 1.1% 감소하였다. 전체 성·시·자치구에서 볼 때, 해남성이 13.6% 증가하여 가장 높았고 그 다음으로 북경시이다. 반면에 흑룡강성은 12.8% 감소하였다.

한편, 문화서비스업과 문화유통업은 문화제조업과 마찬가지로 동부지역에서 생산성의 개선이 이루어졌다. 두 업종을 살펴보면 생산성을 증가시키는데 문화서비스업은 기술진보가 주도적 역할을 한 반면에 문화유통업은 효율성이 견인역할을 하여 다르게 나타나고 있다. 두 업종을 좀 더 세부적으로 살펴보면 문화서비스업은 동부지역이 0.8% 증가하였고 중부와 서부지역은 각각 2.1%와 5.2% 감소하였다. 전체 성·시·자치구에서 볼 때, 절강성의 생산성이 15% 증가하여 가장 높은 반면에 청해성은 18.6% 감소하였다. 문화유통업은 동부지역이 1.5% 증가하였고 중부와 서부지역은 각각 6%와 5.8% 감소하였다. 전체 성·시·자치구에서 볼 때, 해남성의 생산성이 23.3% 증가하여 가장 높은 반면에 청해성은 29.2% 감소하였다. 따라서 전체 분석 기간 동안 세 업종의 지역별 생산성의 편차가 매우 크게 나타나고 있음을 알 수 있다.

〈표 7-2〉 2013~2020년 중국 문화산업의 업종별 · 지역별 생산성

지역	문화제조업			문화유통업			문화서비스		
	EC	TC	MPI	EC	TC	MPI	EC	TC	MPI
북경	1.083	1.037	1.123	1.110	0.923	1.025	0.978	1.036	1.013
천진	0.935	1.023	0.957	1.126	0.928	1.045	1.033	1.046	1.081
하북	0.941	0.999	0.940	1.086	0.914	0.993	0.874	1.006	0.879
산서	0.991	0.999	0.990	1.025	0.914	0.937	0.955	0.995	0.950
내몽골	0.925	1.006	0.931	1.011	0.916	0.927	0.879	1.081	0.950
요녕	0.933	1.010	0.942	1.114	0.914	1.018	0.940	1.005	0.945
길림	0.898	1.021	0.916	1.042	0.914	0.953	0.889	1.014	0.902
흑룡강	0.884	0.987	0.872	0.915	0.914	0.836	0.929	1.007	0.936
상해	1.022	1.018	1.040	0.964	0.968	0.934	0.950	1.063	1.010
강소	0.969	0.993	0.962	1.043	0.931	0.971	0.923	1.006	0.929
절강	1.003	0.996	0.998	1.082	0.921	0.996	1.017	1.131	1.150
안휘	0.979	0.991	0.971	1.000	0.930	0.930	1.002	1.007	1.009
복건	1.035	0.992	1.026	1.136	0.922	1.047	1.032	1.005	1.037
강서	0.970	0.992	0.963	0.960	0.928	0.891	0.975	1.005	0.980
산동	0.939	1.034	0.971	1.045	0.925	0.967	0.932	1.009	0.941
하남	0.958	0.993	0.951	1.106	0.914	1.012	0.995	1.005	1.000
호북	0.985	0.987	0.973	1.025	0.914	0.938	0.987	1.004	0.991
호남	0.986	0.970	0.957	1.091	0.914	0.998	0.994	1.025	1.019
광동	0.983	0.995	0.978	1.022	0.917	0.937	0.952	1.057	1.006
광서	0.947	0.986	0.933	1.066	0.914	0.975	1.049	1.005	1.054
해남	1.043	1.089	1.136	1.325	0.930	1.233	1.087	1.004	1.092
중경	1.037	0.991	1.028	0.925	0.916	0.847	0.996	1.014	1.010
사천	1.042	1.017	1.060	1.030	0.925	0.953	1.032	1.013	1.045
귀주	0.947	1.004	0.951	1.076	0.939	1.010	0.954	1.011	0.965
운남	1.001	1.017	1.018	1.130	0.914	1.033	0.982	1.039	1.021
서장	0.909	1.004	0.914	1.142	0.914	1.044	0.932	1.029	0.959
섬서	0.978	1.017	0.994	1.077	0.914	0.985	0.901	1.016	0.915

감숙	1.005	0.984	0.989	1.049	0.884	0.927	0.892	1.010	0.901
청해	0.929	0.984	0.914	0.784	0.904	0.708	0.800	1.018	0.814
녕하	1.067	1.019	1.087	1.032	0.916	0.945	0.903	1.007	0.909
신강	0.949	0.989	0.939	1.052	0.916	0.964	0.924	1.014	0.937
동부	0.990	1.017	1.007	1.096	0.927	1.015	0.974	1.033	1.008
중부	0.952	0.993	0.946	1.024	0.917	0.940	0.965	1.015	0.979
서부	0.986	1.003	0.989	1.030	0.914	0.942	0.932	1.017	0.948
평균	0.986	1.011	0.984	1.060	0.927	0.964	0.965	1.033	0.978

주: EC는 효율성 변화, TC는 기술진보 변화, 그리고 MPI는 생산성 변화를 뜻함.

〈표 7-3〉은 Fare et. al(1994)의 혁신 지역 식별 조건에 근거하여 혁신 지역 식별을 실행한 결과이다. 〈표 7-3〉에서 알 수 있다시피, 9개 지역이 기술혁신 지역으로 식별되었다. 이를 구체적으로 살펴보면, 문화제조업에서는 내몽골 자치구, 상해시, 복건성, 해남성 등 지역이 식별되었다. 그 중에서 해남성은 5번으로 가장 많이 식별되었고 다음으로 상해시(3번), 복건성(2번), 내몽골 자치구(1번)순이다. 그리고 문화유통업에서는 상해시와 해남성 등 지역이 기술혁신 지역으로 식별되었다. 그 중에서 상해시는 3번 식별되었고 해남성은 1번 식별되었다. 마지막으로 문화서비스에서는 북경시, 천진시, 절강성, 해남성, 청해성, 신강위그르 자치구 등 지역이 기술혁신 지역으로 식별되었다. 그 중에서 절강성이 5번으로 가장 많이 식별되었고 다음으로 북경시가 2번 식별되었고 천진시, 해남성, 청해성, 신강위그르 자치구가 1번 식별되었다.

<표 7-3> 혁신 지역 식별(2)

시간	문화제조업	문화유통업	문화서비스업
2013~2014	M5	-	S1, S31
2014~2015	M21	W9	S1, S11
2015~2016	M21	-	S11, S29
2016~2017	M21	W9	S11
2017~2018	M9, M13, M21	W9	S11
2018~2019	M9, M13, M21	-	-
2019~2020	M9	W21	S2, S11, S21

주: M, W, S는 문화제조업, 문화유통업, 그리고 문화서비스업과 관련한 지역을 각각 표시하고 M, W, S뒤의 숫자는 대응하는 지역들을 나타냄. 숫자에 해당되는 지역들은 아래와 같음. 1. 북경 ; 2. 천진 ; 3. 하북 ; 4. 산서 ; 5. 내몽골 ; 6. 요녕 ; 7. 길림 ; 8. 흑룡강 ; 9. 상해 ; 10. 강소 ; 11. 절강 ; 12. 안휘 ; 13. 복건 ; 14. 강서 ; 15. 산동 ; 16. 하남 ; 17. 호북 ; 18. 호남 ; 19. 광동 ; 20. 광서 ; 21. 해남 ; 22. 중경 ; 23. 사천 ; 24. 귀주 ; 25. 운남 ; 26. 서장 ; 27. 섬서 ; 28. 감숙 ; 29. 청해 ; 30. 녕하 ; 31. 신강.

제2절 중국 문화산업의 무역경쟁력 분석

1. 사용자료

본 절에서는 국제연합무역개발협의회(UNCTAD: United Nations Conference on Trade and Development)의 분류에 따른 창조산업의 문화상품의 정의와 구분에 따르고 문화서비스를 제외한 문화상품에 국한하여 분석한다. 이를 위해 UNCTAD 홈페이지의 2002~2015년 기간 동안의 데이터센터 자료를 이용하며 문화상품을 공예품, 시청각상품, 설계디자

110

인, 뉴미디어, 출판물, 공연예술, 시각예술, 이 7개 업종[35]으로 나누
어 분석한다. 〈표 7-4〉와 〈표 7-5〉는 중국 문화상품의 업종별 대 세계
수출량과 수입량의 연도별 추세를 보여주고 있다.

〈표 7-4〉 중국 문화상품의 업종별 대 세계 수출량

단위: 만 달러

업종 / 연도	공예품	시청각 상품	설계 디자인	뉴미디어	공연예술	출판물	시각예술
2002	0.357	0.017	2.277	0.235	0.043	0.053	0.217
2003	0.439	0.019	2.736	0.265	0.055	0.065	0.238
2004	0.504	0.016	3.264	0.290	0.070	0.085	0.276
2005	0.621	0.014	3.970	0.395	0.080	0.103	0.302
2006	0.759	0.012	4.332	0.517	0.087	0.145	0.337
2007	0.936	0.126	4.958	1.094	0.108	0.204	0.336
2008	1.072	0.129	5.606	1.475	0.132	0.242	0.372
2009	0.898	0.120	5.227	1.046	0.108	0.213	0.360
2010	1.061	0.121	7.095	1.030	0.129	0.239	0.501
2011	1.287	0.141	9.299	1.045	0.144	0.266	0.723
2012	1.469	0.094	10.547	1.306	0.153	0.293	1.202
2013	1.616	0.098	12.167	1.110	0.148	0.309	1.215
2014	1.704	0.082	14.861	1.117	0.153	0.317	0.908
2015	1.738	0.109	12.236	1.410	0.150	0.319	0.889

자료: UNCTAD Data (http://unctadstat.unctad.org)

---

35 UNCTAD의 분류법에 관한 자세한 내용은 본 책의 제2장 제1절을 참조.

<표 7-5> 중국 문화상품의 업종별 대 세계 수입량

단위: 만 달러

연도 \ 업종	공예품	시청각 상품	설계 디자인	뉴미디어	공연예술	출판물	시각예술
2002	0.514	0.467	1.005	0.188	0.030	0.301	0.029
2003	0.550	0.639	1.088	0.272	0.029	0.383	0.029
2004	0.662	0.886	1.107	0.226	0.038	0.340	0.038
2005	0.696	1.053	1.292	0.062	0.047	0.417	0.043
2006	0.802	1.023	1.380	0.224	0.043	0.432	0.064
2007	0.853	2.942	1.799	3.240	0.062	0.494	0.050
2008	0.895	2.929	2.298	3.049	0.081	0.536	0.068
2009	0.851	2.819	2.296	2.465	0.088	0.782	0.075
2010	1.020	3.472	2.856	2.841	0.109	0.968	0.108
2011	1.127	3.921	4.334	3.394	0.142	1.006	0.130
2012	1.154	3.844	4.443	3.240	0.163	1.075	0.196
2013	1.175	3.207	5.036	2.505	0.171	0.992	0.887
2014	1.018	3.227	5.582	2.932	0.207	0.915	0.626
2015	0.896	2.984	5.778	3.468	0.236	0.904	0.511

자료: UNCTAD Data (http://unctadstat.unctad.org)

2. 추정결과

1) 수출 시장점유율

<그림 7-3>은 중국의 문화상품 무역의 수출시장점유율 변화추세를 나타내고 있다. 아래 그림에서 보시다시피 분석 기간 동안 중국 문화상품의 시장점유율은 2002년에 15.35%에서 2015년의 33.06%로 크게 증가하여 분석 기간 동안 2007년과 2015년을 제외하고 대체적

으로 완만하게 증가하고 있는 상황을 보여주고 있다.

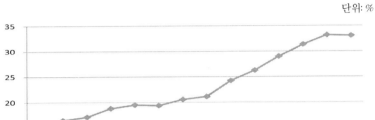

〈그림 7-3〉 중국 문화산업의 연도별 수출시장점유율

단위: %

중국 문화산업의 수출 시장점유율을 업종별로 구체적으로 살펴보면 〈표 7-6〉과 같다. 전체적으로 보면 공예품 산업의 연평균 시장점유율(31.83%)이 가장 높고, 그 다음으로 뉴미디어(28.57%), 설계디자인(27.46%)순이며 시청각상품(2.78%)이 가장 낮다. 이 중에서 공예품 품목은 시장점유율이 2002년을 시작으로 꾸준히 증가하는 추세를 보이고 있는 반면에 시청각상품은 2002년부터 2006년까지 지속적으로 감소하다가 증가와 감소를 반복하는 불안정한 양상을 나타내고 있다.

〈표 7-6〉 중국 문화산업의 업종별 수출시장점유율

단위: %

업종 \ 연도	공예품	시청각 상품	설계 디자인	뉴미디어	공연예술	출판물	시각예술
2002	17.92	1.64	19.27	21.45	15.31	1.76	13.57
2003	19.58	1.55	20.59	27.91	17.20	1.92	13.49
2004	20.53	1.17	21.30	28.39	18.97	2.27	13.81
2005	23.53	0.88	23.16	31.34	20.85	2.60	13.57
2006	26.69	0.79	23.25	32.16	21.72	3.47	13.37
2007	29.97	3.35	23.04	29.28	23.61	4.49	11.51
2008	32.70	3.36	23.64	31.44	25.98	4.97	12.41
2009	33.11	3.62	24.85	26.45	25.76	5.29	15.86
2010	33.59	3.41	29.50	25.47	27.88	5.91	18.87
2011	35.74	3.88	31.09	25.75	27.67	6.16	23.09
2012	40.35	3.05	32.29	31.43	29.12	7.31	30.65
2013	41.13	3.91	35.54	28.35	28.57	7.63	30.12
2014	42.10	3.39	38.51	27.15	28.91	7.99	22.35
2015	48.67	4.99	38.45	33.41	34.16	9.46	16.56
평균	31.83	2.78	27.46	28.57	24.69	5.09	17.80

자료: UNCTAD Data (http://unctadstat.unctad.org)

〈그림 7-4〉에서 보시디사피 대 세계시장에서 문화상품의 거대한 무역흑자를 내고 있는 중국의 문화상품 연도별 전체의 특화지수는 분석 기간 동안 0.80~0.85정도를 유지하여 매우 높은 편이다. 구체적으로 살펴보면, 2002년을 시작으로 완만하게 증가하였는데 2007년에 급격히 감소하였다가 다시 점진적으로 증가하면서 2015년에 약간의 하락을 보이고 있다.

114

〈그림 7-4〉 중국 문화산업의 연도별 무역경쟁력 특화지수

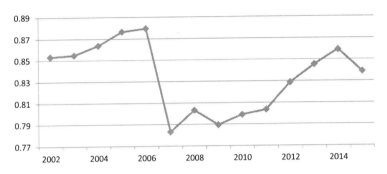

아래의 〈표 7-7〉에서 알 수 있다시피, 7종의 품목별로는 대 세계시장 특화지수가 마이너스로 비교열위인 품목은 시청각상품 분야이며, 이를 제외하고는 모두 비교우위가 있는 것으로 나타났다. 특히 설계디자인과 시각예술은 특화지수가 대부분 0.9이상 혹은 1에 가까운 높은 특화지수를 보였고, 나머지 품목들도 비교적 높은 특화지수를 보여 중국의 문화산업이 대 세계시장에서 강한 경쟁력을 보이고 있음을 알 수 있다.

〈표 7-7〉 중국 문화산업의 업종별 무역경쟁력 특화지수

업종\연도	공예품	시청각상품	설계디자인	뉴미디어	공연예술	출판물	시각예술
2002	0.75	-0.47	0.92	0.85	0.87	0.28	0.97
2003	0.78	-0.53	0.92	0.81	0.90	0.26	0.98
2004	0.77	-0.69	0.93	0.86	0.90	0.43	0.97
2005	0.80	-0.77	0.94	0.97	0.89	0.42	0.97
2006	0.81	-0.79	0.94	0.92	0.90	0.54	0.96

2007	0.83	-0.40	0.93	0.54	0.89	0.61	0.97
2008	0.85	-0.39	0.92	0.66	0.88	0.64	0.96
2009	0.83	-0.40	0.92	0.62	0.85	0.46	0.96
2010	0.82	-0.48	0.92	0.57	0.84	0.42	0.96
2011	0.84	-0.47	0.91	0.51	0.82	0.45	0.96
2012	0.85	-0.61	0.92	0.60	0.81	0.46	0.97
2013	0.86	-0.53	0.92	0.63	0.79	0.51	0.86
2014	0.89	-0.60	0.93	0.58	0.76	0.55	0.87
2015	0.90	-0.46	0.91	0.61	0.73	0.56	0.89
평균	0.83	-0.54	0.92	0.69	0.85	0.47	0.95

자료: UNCTAD Data (http://unctadstat.unctad.org)

제3절 문화상품의 수출 결정요인 실증분석

1. 이론적 배경 및 결정 요인 모형

본 절에서는 曲如曉 · 韓麗麗(2010), 周升起 · 呂蓉慧(2019) 등의 방법을 주로 참고하여 경제규모, 주민 수입수준, 무역조건, 기술수준, 지리적 및 문화적 거리 등 방면으로 문화상품의 수출 결정요인을 분석하고자 한다.

국내 총 생산액(GDP)은 한 국가의 일정한 시기 내에 생산한 모든 최종 상품과 서비스의 총 가치를 측정하는 지표임과 동시에 해당 국가의 경제규모를 나타낼 수 있다. 경제규모가 큰 국가 일수록 그 국가의 잠재적인 공급과 수요가 많아서 상대 국가에 대한 무역량을 증

116

가시킬 수 있다. 본 절에서는 이를 검증하기 위하여 경제규모의 대리 변수로 수입국의 국내 총 생산액을 사용한다.

또한 1인당 국내 총 생산액은 한 국가의 경제발전 수준과 주민생 활수준을 측정할 수 있는 지표로서 한 국가의 복지수준과 구매력을 나타내기도 한다. 주민 구매력이 높은 국가일수록 그 국가의 무역량 또한 많을 수 있다. 본 절에서는 주민 수입수준의 대리변수로 수입국 의 1인당 국내 총 생산액을 사용하기로 한다.

그리고 한 국가의 무역환경은 그 국가의 무역발전 현황과 무역 개 방정도를 반영할 수 있다. 따라서 한 국가의 무역조건이 개선되면 해 당 국가가 다른 국가에 대한 문화상품 수출을 늘이고 수입을 줄이게 된다. 본 절에서는 수입국의 순 상품교역조건지수(淨易貨貿易條件指數) 를 무역조건의 대리변수로 사용하기로 한다.

한 국가의 과학기술 수준이 높을수록 문화의 전파와 교류를 가속 화할 수 있다. 또한 한 국가의 과학기술 수준 향상은 다른 국가의 문 화상품에 대한 수요를 촉진하여 무역량을 증대시킨다. 본 절에서는 수입국의 연구개발 지출이 국내 총 생산액에서 차지하는 비중을 수 출 결정요인으로 고려하고자 한다.

지리적 거리는 문화상품의 운송비용을 증가시켜 일반적으로 양 국 간의 지리적 거리가 멀수록 무역량은 줄어들게 된다. 인터넷과 과학기술이 발전함에 따라 지리적 거리가 무역에 대한 영향력은 조 금씩 줄어들고 있다. 본 절에서는 지리적 거리와 무역량과의 관계를 검증하기 위하여 지리적 거리의 대리변수로 양국 국가 수도(首都) 간의 최단거리를 사용한다.

또한 문화상품 무역은 일반 화물 무역과는 달리 한 국가의 문화와 다른 국가의 문화와의 공감과 접수정도에 달려있다. 따라서 일반적으로 양국 간 문화적 거리가 멀수록 풍속, 가치관 등 방면의 차이가 더 크므로 양국이 문화상품 무역을 하는데 불리하여 무역량이 감소하게 된다. 본 절에서의 문화적 거리는 Hofstede의 문화적 차이 계량화 자료를 발전시켜 문화적 거리를 산출한 Kogut & Singh의 방법을 이용한다.[36]

본 절에서는 중국 문화상품의 수출국 상위 8개 국가[37]에 대하여 2001~2018년 기간 동안의 패널자료를 이용하여 문화상품의 수출 결정요인을 살펴보고자 한다. 실증 분석하기 위한 회귀방정식은 다음과 같다.

$$\ln EX_{cit} = \beta_0 + \beta_1 \ln GDP_{it} + \beta_2 \ln GDPPC_{it} + \beta_3 \ln NTT_{it} + \beta_4 \ln CD_{it}$$
$$+ \beta_5 \ln GD_{it} + \beta_6 \ln RND_{it} + \delta_i + \Upsilon_t + \varepsilon_{it}$$

위의 모형에서 $\ln EX_{cit}$는 중국의 t년도 i국가에 대한 문화상품 수출액의 자연로그 값, $\ln GDP_{it}$는 t년도 i국가 국내 총 생산액의 자연

---

36 문화적 차이 내용과 문화적 거리산출 방법과 관련한 구체적인 내용은 Hofstede(1983)과 Kogut & Singh(1988)을 참조.

37 본 절에서는 周升起·呂蓉慧(2019)을 참고하여 중국의 문화상품 수출 상대국을 상위 8개국으로 정함. 여기에는 호주, 캐나다, 독일, 일본, 한국, 네덜란드, 영국, 미국 포함.

로그 값, $\ln GDPPC_{it}$는 t년도 i국가 1인당 국내 총 생산액의 자연로그 값, $\ln NTT_{it}$는 t년도 i국가 무역조건의 자연로그 값, $\ln CD_{it}$는 중국과 i국가 간 문화적 거리의 자연로그 값, $\ln GD_{it}$는 중국과 i국가 수도 간 최단거리의 자연로그 값, $\ln RND_{it}$는 t년도 i국가 연구개발 지출이 국내 총 생산액에서 차지하는 비율의 자연로그 값, δ_i는 중국의 상위 8개 수출국의 고정효과, γ_t는 시간효과, 그리고 ε_{it}는 오차 항이다.

본 절은 균형 패널 자료를 이용하기 때문에 패널자료 분석 기법으로 고정효과(fixed effect: FE)모형과 확률효과(random effect: RE)모형을 적용하였는데 Hausman 검정을 이용하여 두 모형 중 어느 하나를 선택하기로 한다.

2. 사용자료

본 절에서 문화상품의 수출결정요인 실증분석을 위해 사용한 자료는 2001~2018년의 중국 문화상품의 수출 상위 8개국에 대한 18년간의 자료이며 Hofstede의 홈페이지, 세계은행 데이터뱅크(世界銀行數據庫), 그리고 유엔 상품무역 데이터뱅크(联合国商品贸易数据库)에서 주로 구해졌다. 본 연구에서는 李小牧 · 李嘉珊(2007), 許和連 · 鄭川(2014), 李欣(2015) 등을 참고하여 유엔 상품무역 데이터뱅크에서 HS(1992)분류법을 이용하여 수공예품(97), 영상 · 음향(37), 도서출판물(49), 악기(92)를 문화상품에 포함시켰다.

〈표 7-8〉은 위에서 설명한 변수들의 기초 통계자료를 나타낸다. 표

본 자료에 대하여 살펴보면 2001~2018년 기간 동안 일부분 변수들의 최대값과 최소값의 격차가 큼을 알 수 있다. 수출액은 123배, GDP는 30배로 상대적으로 차이가 크게 나고 있다.

〈표 7-8〉 사용변수들의 기초 통계량(2)

변수	평균값	표준편차	최소값 (A)	최대값 (B)	B/A
수출액(억 달러: 2015년 불변가격)	3.184	4.191	0.164	20.262	123
GDP(억 달러: 2015년 불변가격)	39,021	49,650	6,590	195,520	30
1인당 GDP(달러: 2015년 불변가격)	41,437	9,511	17,681	59,822	3
지리적 거리(킬로미터)	7,130	3,702	956	11,159	12
문화적 거리(지수)	3.562	0.808	2.405	5.164	2
순 상품교역조건(지수)	99	27	50	200	4
(연구개발 지출액/GDP)비율	2.403	0.680	1.534	4.528	3

3. 추정결과

〈표 7-9〉는 문화상품의 수출결정요인에 대한 추정 결과를 제시하고 있다. 모든 설명변수들에 대해 단계적 회귀분석(逐步回歸)을 실시하는 과정에 RND 변수를 모형에 추가할 경우에 설명변수가 통계적으로 유의미하지 않거나 모형의 설명력을 의미하는 값이 악화되어 RND 변수를 제거하고 최종적으로 통계적으로 유의미한 변수가 가장 많고 모형의 설명력을 의미하는 R^2값이 가장 높은 [모형 5]를 얻었다.

〈표 7-9〉에서 [모형 5]의 각 설명변수가 경쟁력에 미친 효과를 살

120

펴보면, 1인당 국내 총 생산액(GDPPC), 국내 총 생산액(GDP)순으로 수출에 영향을 미치며 긍정적인 것으로 나타났다. 이와 반면에 무역조건(NTT), 지리적 거리(GD)와 문화적 거리(CD)는 수출에 부정적인 것으로 나타났다. 〈표 7-9〉에서 [모형 5]의 각 설명변수의 영향을 좀 더 세부적으로 살펴보면, 경제규모의 지표로 사용된 국내 총 생산액의 설명변수의 추정계수는 0.659이며 1% 유의수준에서 통계적으로 유의미함을 나타내고 있다. 따라서 국내 총 생산액이 1% 증가하면 수출량은 0.659% 증가하는 것으로 나타났다.

또한 주민 수입수준 지표로 사용된 1인당 국내 총생산액의 설명변수의 추정계수는 3.918이며 1% 유의수준에서 통계적으로 유의미함을 나타내고 있다. 따라서 1인당 국내 총 생산액이 1% 증가하면 수출량은 3.918% 증가하는 것으로 나타나 국내 총 생산액보다 더 큰 영향을 미치는 것으로 추정되었다. 이러한 결과는 아무래도 문화상품은 일반 상품과는 달리 사람들의 좀 더 고차원적인(高層次的) 정신적 수요를 만족시키기 위한 구매욕구와 직접적인 관계에 있기 때문에 국내 총 생산액에 비해 주민 수입수준 즉 주민 실질적 구매력의 대리변수인 1인당 국내 총 생산액이 수출량에 좀 더 탄력적으로 반영된 것으로 보인다.

그리고 무역거래조건의 설명변수의 추정계수는 -1.036이며 1% 유의수준에서 통계적으로 유의미함을 나타내고 있다. 일반적으로 무역대상국의 수출품 가격지수와 수입품 가격지수의 비율이 커짐에 따라 무역조건이 개선될 수 있다. 따라서 중국의 무역 대상국이

자국의 수출을 늘이고 중국을 포함한 외국을 상대로 수입을 줄임에
따라 중국의 문화상품 수출량이 감소된 것으로 유추 할 수 있다. 본
연구에서도 曲如曉 · 韓麗麗(2010)과 마찬가지로 수입국의 무역조건
이 중국 문화상품의 수출과 (−)의 관계를 보이고 있다.

또한 지리적 거리의 설명변수의 추정계수는 -0.719이며 1% 유의
수준에서 통계적으로 유의미함을 나타내고 있다. 따라서 중국과 무
역 파트너 국가 간의 지리적 거리가 1% 증가하면 수출량이 0.719%
감소하는 것으로 나타났다. 이는 운송 등 원인으로 무역대상 국가 간
의 지리적 거리가 멀수록 수출비용이 증가하여 수출량이 감소 한 것
으로 보인다.

마지막으로 문화적 거리의 설명변수의 추정계수는 -0.691이며
5% 유의수준에서 통계적으로 유의미함을 나타내고 있다. 따라서 중
국과 무역 파트너 국가 간의 문화적 거리가 1% 증가하면 수출량이
0.691% 감소하는 것으로 나타났다. 이는 중국과 무역 대상국간의 풍
속습관, 도덕관념 등 방면에서의 문화차이가 클수록 무역 상대국가
가 중국 문화를 더 쉽게 받아들이지 못하면서 대 중국 문화상품의 수
입수요도 줄어들게 되며 궁극적으로 중국 문화상품의 수출 감소를
초래한 것으로 유추할 수 있다.

〈표 7-9〉 문화상품의 수출 결정요인의 회귀분석 결과

모형 설명변수	모형 1	모형 2	모형 3	모형 4	모형 5
절편	-7.077*** (0.000)	-11.749*** (0.000)	-13.556*** (0.000)	16.516*** (0.000)	29.496*** (0.000)
lnGDP	0.916*** (0.000)	0.872*** (0.000)	0.724*** (0.000)	0.646*** (0.000)	0.659*** (0.000)
lnGDPPC		0.560*** (0.007)	1.787*** (0.000)	2.446*** (0.000)	3.918*** (0.000)
lnNTT			-1.536*** (0.000)	-1.708*** (0.000)	-1.036*** (0.000)
lnCD				-0.820** (0.012)	-0.691** (0.012)
lnGD					-0.719*** (0.000)
R^2	0.670	0.687	0.757	0.768	0.838
Hausman 검증: RE VS FE	FE	FE	FE	FE	FE

주: 1) 괄호 안은 p값; 2) **, ***는 각각 5%, 1% 유의수준을 뜻함.

제4절 소결

제1절에서는 Malmquist 생산성 변화지수를 이용하여 2013~2020
년의 중국 문화산업의 3개 업종의 생산성 변화를 측정하였다.
Malmquist 생산성 변화지수 분석결과에 의하면, 첫째로 전체 분석
기간 동안 중국 문화산업의 생산성은 2.5% 감소하였는데, 그 중에서
효율성은 연평균 0.4% 증가하였으나 기술진보는 연평균 2.5% 감소
하였다.

둘째, 중국의 전체 문화산업 및 3개 업종은 분석 기간 동안 생산성이 대체적으로 하락하는 추세를 보였는데 중국의 전체 문화산업은 연평균 2.5% 감소하였고 문화제조업, 문화유통업, 문화서비스업은 각각 연평균 1.6%, 3.6%, 2.2% 감소하였다.

마지막으로 중국 문화산업의 3개 업종의 생산성의 개선은 주로 동부지역에서 발생하였는데 문화제조업과 문화서비스업에서는 생산성을 증가시키는데 기술진보가 주도적 역할을 한 것으로 추정되었다. 이러한 결과는 기술혁신 지역으로 식별된 결과에서도 확인할 수 있다. 한편 문화유통업에서 생산성의 증가는 효율성 개선이 견인차 역할을 주로 한 것으로 나타났다.

제2절에서는 2002~2015년 기간 동안의 중국 문화산업을 7개 업종으로 나누어 무역경쟁력을 수출시장점유율과 무역특화지수를 이용하여 연도별과 업종별로 분석하고 있다. 본 연구의 연구결과를 요약하면 아래와 같다.

첫째, 수출시장점유율 분석결과, 중국 문화산업은 분석 기간 동안 연도별로 대체적으로 꾸준히 증가하였는데 업종별로 볼 때, 중국 문화산업의 수출시장점유율은 공예품, 뉴미디어, 설계디자인 순으로 높게 나타났다.

둘째, 무역특화지수 분석결과, 중국 문화산업은 분석 기간 동안 연도별로 거대한 무역흑자를 보이는 기형적 구조를 나타냈는데 업종별로 볼 때, 중국 문화산업은 시청각상품을 제외한 품목에서 모두 비교우위를 보였는데 그 중에서 특히 설계디자인과 시각예술은 특화지수가 연도별로 평균 0.92와 0.95를 기록해 매우 강한 경쟁력을 보였다.

제3절은 2001~2018년 기간 동안의 중국 문화상품의 수출 상위 8개국에 대한 18년간의 자료를 이용하여 경제규모, 주민 수입수준, 기술수준, 무역조건, 지리적 및 문화적 거리 등 방면으로 문화상품의 수출결정요인을 분석하였다. 각 설명변수가 경쟁력에 미친 효과를 살펴보면, 1인당 국내 총 생산액, 국내 총 생산액순으로 수출에 영향을 미치며 긍정적인 것으로 나타났다. 이와 반면에 무역조건, 지리적 거리와 문화적 거리는 문화상품의 수출에 부정적인 것으로 나타났다.

제8장

결론

제1절 연구결과 및 정책제언

본고에서는 중국 문화산업의 생산성, 지역화, 그리고 무역경쟁력을 지역별·산업별로 나누어 분석하였다. 본고의 내용을 요약하면 다음과 같다.

우선 중국 문화산업을 지역별로 보았을 때, 중국 31개 성·시자치구의 문화산업의 생산성 변화를 측정한 결과 분석 기간 동안 기술진보의 변화가 양(+)의 영향을 줌에도 불구하고, 효율성의 감소폭이 커서 전국의 문화산업의 생산성이 감소하였고 성·시·자치구별로 세부적으로 살펴보면 지역별 생산성의 편차가 매우 크게 나타나고 있다. 그리고 전국을 동부, 중부, 그리고 서부로 나누어 문화산업의 생산성의 변화를 살펴보면, 전국의 문화산업의 생산성에 서부지역이 견인차 역할을 한 것으로 나타났으며 그 요인이 바로 기술진보의 개선에 있는 것으로 추정되었다.

한편 중국 문화산업의 지역화 정도를 살펴보면 문화제조업 보다는 문화유통업과 문화서비스업의 지역화 정도가 상대적으로 높게 나타나고 있다. 그리고 종사자 수 비중이 높은 지역의 지역화 정도가 높다. 또한, 문화산업은 동부 지역의 지역경제발전수준이 높은 지역을 중심으로 지역화 정도가 높게 나타나고 있다. 이러한 지역화 정도에 영향주는 결정요인을 알아보기 위해 문화산업의 지역화 결정요인에 대해 분석한 결과, 특허출원 건, 체신업무량, 문화소비지출 순으로 지역화에 영향을 미치며 긍정적인 것으로 나타났다. 이와 반면에 재정지출은 지역화에 부정적인 것으로 나타났다.

이러한 중국 문화산업을 지역별로 분석한 결과에 의해 시사점을 도출해보면 우선 앞으로 문화산업에서 지역별로 양적성장과 질적발전이 함께 조화롭게 이루어져 전반적인 문화산업의 생산성 향상을 가져와야 할 것이다. 중국정부의 강력한 정책적 지원으로 중국의 문화산업은 2000년 이후 괄목한 만한 성장을 거듭하였다. 그럼에도 불구하고 정책적 효과와 심도가 부족하고, 목표도 단순하며, 수단도 제한적인 측면이 있다. 또한 문화산업 발전을 위한 혁신, 산업구조, 관리체제, 고급인재 등에 관한 부분에서 취약점을 가지고 있다. 따라서 이를 해결하기 위해 하이테크산업과의 합작 강화, 문화산업구조의 선진화, 문화산업 체제개혁의 심화, 문화산업에 전문화된 고급인재 양성, 그리고 더 나아가서 지역과 부문 간 심화된 문화산업의 불균형 해소 등 방면에서 중국 정부, 기업과 사회가 공동으로 노력하여 문화산업을 적극 발전시켜야 할 것으로 판단된다.

그리고 특허출원 건, 문화소비지출, 체신업무량이 문화산업의 지역화에 긍정적인 영향을 미치고 있기 때문에 기술혁신, 시장수요 확대, 그리고 체신산업 발전 등이 문화산업의 지역화에 미치는 효과를 극대화하기 위한 정책이 필요한 것으로 보인다. 따라서 우선 동부와 중 · 서부 지역의 발전격차를 해소하기 위하여 지역경제가 신산업 · 신기업의 끊임없는 창출을 통하여 지역의 기술혁신 능력과 산업사슬(産業鏈)의 수평적 연결을 강화해야 한다. 다음으로 정부가 맹목적인 문화산업에 대한 투자에만 그치지 말고 체신산업 등 연관 산업에 대한 투자와 발전을 통하여 문화산업의 지속가능한 발전과 산업 간의 상호발전도 도모해야 한다. 그리고 지역경제를 적극적으로 발전시켜 주민수입 수준을 높임으로써 주민들의 생활수준을 제고하여 최종적으로 문화소비를 증가시켜야 할 것이다. 또한 시장메커니즘을 중심으로 정부의 문화산업 발전에 대한 지나친 개입과 통제는 줄이는 것이 문화산업의 지속가능한 발전에 도움이 될 것으로 보인다.

다음 중국 문화산업을 산업별로 보았을 때, 전체 분석 기간 동안 중국 문화산업의 효율성은 증가하였으나 기술진보는 오히려 감소하여 최종적으로 생산성이 감소하였다. 그리고 중국의 전체 문화산업 및 3개 업종은 분석 기간 동안 생산성이 대체적으로 하락하는 추세를 보였다. 또한 중국 문화산업의 3개 업종의 생산성 개선은 주로 동부지역에서 발생하였는데 문화제조업과 문화서비스업에서는 생산성을 증가시키는데 기술진보가 주도적 역할을 한 반면에 문화유통업에서 생산성의 증가는 효율성 개선이 견인차 역할을 주로 한 것으로 나타났다.

그리고 중국 문화산업의 무역경쟁력을 살펴보았을 때, 수출 시장점유율 분석결과, 중국 문화산업은 분석 기간 동안 연도별로 대체적으로 꾸준히 증가하였는데 업종별로 볼 때, 중국 문화산업의 수출 시장점유율은 공예품, 뉴미디어, 설계디자인 순으로 높게 나타났다. 그리고 무역특화지수 분석결과, 중국 문화산업은 분석 기간 동안 연도별로 거대한 무역흑자를 보이는 기형적 구조를 나타냈는데 업종별

131

로 볼 때, 시청각상품을 제외한 품목에서 모두 비교우위를 보였고, 그 중에서 특히 설계디자인과 시각예술은 매우 강한 경쟁력을 보였다. 또한 무역경쟁력에 영향주는 결정요인을 알아보기 위해 문화상품의 수출 결정요인에 대해 분석한 결과, 1인당 국내 총 생산액, 국내 총 생산액 순으로 수출에 영향을 미치며 긍정적인 것으로 나타났다. 이와 반면에 무역조건, 지리적 거리와 문화적 거리는 수출에 부정적인 것으로 나타났다.

이러한 중국 문화산업을 산업별로 분석한 결과에 의해 시사점을 도출해보면 우선 향후 중국 문화산업의 생산성을 향상함에 있어서 기술진보 개선에 초점을 맞춰야 한다. 과학기술은 효율성을 높이는 동력이므로 과학기술에 대한 연구를 장려하고 현대 정보화 기술을 활용해 기술진보 수준을 높여야 한다. 특히 문화유통업의 기술진보가 낮은 만큼 문화유통업과 문화제조업, 그리고 문화서비스업 간의 상호 학습, 모방, 기술이전 등을 지속적으로 촉진해야 한다. 반면에 문화제조업과 문화서비스업은 효율성을 개선해야 한다. 특히 중부와 서부지역의 규모 효율성과 순수 효율성이 보편적으로 낮기 때문에 정부가 연대(聯合)나 합병, 구조조정, 자금 지원, 세금 혜택 등 일련의 정책을 통해 기업규모를 키워야 할 뿐만아니라 문화기업의 관리수준도 제고해야 할 것이다. 해남성, 상해시, 그리고 절강성은 문화제조업, 문화유통업, 문화서비스업을 대표하는 지역 기술혁신 중심도시로서 이들의 기술전파와 파급효과를 강화해야 할 뿐만 아니라 복사효과(輻射作用)를 통해 다른 지역의 기술 개발과 혁신을 이끌어

132

지역 협동 발전을 실현함으로써 최종적으로 중국 문화산업의 고질량(高質量) 발전을 실현해야 한다.

그리고 중국 문화산업의 무역비교우위에 근거하여 기존의 전통 문화 자원을 더 한층 발굴하고 중국 문화산업구조의 고도화를 꾀해야 할 것이다. 특히 중국이 대 세계교역에 있어서 설계디자인, 시각예술 등 분야에서의 비교우위를 더 한층 높일 필요가 있다. 또한 중국은 문화상품 무역에 있어서 비교열위를 보인 시청각상품 품목을 발전시켜 전반적인 중국의 문화산업 무역경쟁력 제고를 가져와야 할 것이다.

한편 무역대상국의 1인당 국내 총 생산액과 국내 총 생산액이 문화상품의 수출에 긍정적인 영향을 미치고 있기 때문에 수입국의 경제규모와 주민 수입수준 효과를 극대화하기 위한 정책이 필요한 것으로 보인다. 따라서 우선 경제가 발달하고 생활수준 및 과학기술 수준이 높은 유럽과 미국에 문화상품을 최대한 많이 수출하고 다음으로 시장의 성장 잠재력이 풍부한 발전도상국에도 눈길을 돌려 수출을 늘일 수 있는 효과적인 경로를 탐색해야 할 것이다. 또한 중국 정부는 문화기업과 문화단체의 '저우추취'(走出去)를 통한 자국 산업의 글로벌 경쟁력 제고와 이를 통한 수출을 적극 추진하고 문화 관련 기업과 단체는 외국과의 교류를 강화하여 문화적 및 지리적 거리 등 요인이 중국 문화상품 수출을 저애하는 것을 최소화해야 한다. 이와 동시에 중국정부는 일대일로(一帶一路)의 동아시아, 중앙아시아, 유럽 등 국가와의 다차원적이고 다각적인 상호작용과 교류를 통해 상호

133

신뢰를 높이고 '문화할인'(文化摺扣) 영향을 최소한으로 줄여 중국 문화적 요소(中國元素)의 '저우추취'를 촉진해야 할 것이다.

제2절 연구의 한계

본 연구는 중국 문화산업의 생산성, 지역화 및 지역화 결정요인, 그리고 무역경쟁력 및 수출 결정요인에 대해 실증분석하였다.

한계점으로 우선 분석 기간에 관한 것이다. 본 연구는 다년간 문화산업과 관련하여 발표한 논문들을 기본내용으로 하여 펴낸 것으로 매 절의 내용마다 분석 기간이 다르다. 분석 기간이 같고 최신 데이터로 결과를 도출하여 독자들에게 보여주면 비교가능하고 객관적이고 좀 더 정확한 시사점을 도출할 수 있을 것이다.

다음 본고에서는 연구대상을 문화사업이 아닌 문화산업을 중심으로 분석하였다. 문화상품과 문화서비스를 공급하고 소비하여 이윤을 추구하는 문화산업과 달리 문화사업은 공적인 이익을 목적으로 하고 있다. 중국 각 지역의 문화사업은 지역경제발전에 있어서 비교적 중요한 역할을 한다. 따라서 문화사업도 연구대상에 포함시켜 범주를 확대하여 연구한다면 중국 문화연구를 함에 있어서 더욱 전면적이고 의미있는 연구가 될 것이다.

따라서 향후 이러한 문제점들을 고려한 연구가 필요하며 이러한 추가적인 작업은 추후의 연구과제로 남긴다.

참고문헌

[국내문헌]

이찬우, 2017, 중국의 문화정책과 소프트파워의 형성 - 일대일로 정책의 문화전략
　　을 중심으로, 「인문논총」, 제43집, 119-141.
김언군, 2016, 중국 문화산업의 경제적 파급효과 분석, 세종대학교 대학원 경제통
　　상학과 박사학위논문.
김상욱, 2016a, 중국의 문화산업의 효율성 비교 - 31개 성급지역을 중심으로, 「한
　　중사회과학연구」, 제14권 제1호, 177-206.
김상욱, 2016b, 중국의 지역별 문화산업의 지역화 비교, 「중국과 중국학」, 제29호,
　　135-161.
강승호, 2016, 중국 문화산업 무역과 한중 관계, 「전자무역연구」, 제14권 제2호,
　　93-112.
김병철·이지윤, 2012, 개혁개방 이후 중국 문화산업정책 및 인력, 「국제노동브리
　　프」, 제10권 제5호, 84-94.
등전원, 2020, 중국과 한국의 문화산업 지원정책 비교 분석에 관한 연구, 용인대학
　　교박사학위논문
노준석·정미경·박현아, 2013, 세계창조산업 전략과 시사점(1) 20개국 및 국제기
　　구들의 개념과 범위 비교 중심, 「코카포커스」, 제5호.
하영·김창경, 2012, 중·한 핵심문화상품무역에 관한 실증연구, 「무역보험연구」,
　　제13권 제2호, 199-216.
한국콘텐츠진흥원, 2021 해외 콘텐츠시장 분석, 2021.
정우식·노준석, 2015, 중국 콘텐츠산업 국제경쟁력의 정성적 및 정량적 분석: 마
　　이클 포터 다이아몬드 모델과 무역특화지수를 중심으로, 「문화경제연구」,
　　제18권 제1호, 123-165.

[국외문헌]

戴钰, 2013, 湖南省文化产业集聚及其影响因素研究, 经济地理, No.4: 114-119.
方英·魏婷·虞海俠, 2011, 中日韓文化創意産品貿易競爭關係的實證分析, 亞太經濟,
　　No.2: 85-88.
高鶴·王岩, 2016, 中國與日韓文化創意産品貿易關係比較研究, 稅務與經濟, No.3: 49
　　-56.

郭淑芬 · 王豔芬 · 黃桂英, 2015, 中國文化產業效率的區域比較及關鍵因素, 宏觀經濟研究, No.10: 113-121.

郭淑芬 · 郭金花, 2017, 中國文化產業的行業效率比較及省域差異研究, 中國科技論壇, No.5: 71-79.

韓海彬 · 王雲鳳, 2022, 中國文化產業效率與全要素生產率分析——基於Minds模型和Malmquist生產率指數的實證研究, 資源開發與市場, No.4: 391-419.

胡雙紅, 2020, 中國文化產業全要素生產率行業異質性研究——基於DEA-Malmquist指數法的分析, 特區經濟, No.2: 111-114.

賈曉朋 · 呂拉昌, 2017, 中國文化貿易的影響因素分析——以核心文化產品出口為例, 地理科學, No.8: 1145-1150.

蔣萍 · 王勇, 2011, 全口徑中國文化產業投入產出效率研究——基於三階段DEA模型和超效率DEA模型的分析, 數量經濟技術經濟研究, No.12: 69-81.

揭志強, 2013, 我國地區文化產業全要素生產率增長狀況研究, 統計與決策, No.1: 141-145.

羅立彬 · 孫俊新, 2013, 中國文化產品貿易與文化服務貿易競爭力: 對比與趨勢, 財貿經濟, No.2: 91-136.

藍天呂 · 文琦, 2018, 中國文化創意產品出口增長的二元邊際及其影響因素研究, 國際貿易問題, No.8: 67-81.

呂蓉慧 · 周升起, 2020, 我國文化貿易出口及其影響因素實證研究, 價格月刊, No.1: 48-54.

李小牧 · 李嘉珊, 2007, 國際文化貿易: 關於概念的綜述和辨析, 國際貿易, No.2: 46- 49.

李欣, 2015, 中日韓自貿區籌建背景下三國文化產業及文化貿易研究, 對外經濟貿易大學博士學位論文.

李興江 · 孫亮, 2013, 中國省際文化產業效率的區域差異分析, 統計與決策, No.20: 125-129.

雷宏振 · 潘龍梅 · 雷蕾, 2012, 中國文化產業空間集聚水準測度及影響因素研究——基於省際面板資料的分析, 經濟問題探索, No.2: 35-41.

劉珊, 2014, 我國文化產業空間集聚變化趨勢及其影響因素, 商業時代, No.26: 118-119.

馬躍如 · 白勇 · 程偉波, 2012, 基於SFA的我國文化產業效率及影響因素分析, 統計與決策, No.8: 97-100.

聶聆, 2015, 『中國創意產業貿易發展研究』, 人民出版社.

曲如曉 · 韓麗麗, 2010, 中國文化商品貿易影響因素的實證研究, 中國軟科學, No.11: 19-31.

蘇雪串, 2012, 文化產業在中心城市空間集聚的經濟機理和模式探析, 學習與實踐, No.9: 14-20.

隋瀟 · 王珂 · 張立新, 2019, 一帶一路"戰略背景下中國與俄日韓文化產業貿易關係的比較研究, 北方經濟, No.6: 50-53.

石友梅, 2018, 中日韓文化創意產業貿易競爭力比較研究, 創新創業理論研究與實踐, No.3: 87-89.

孫智君·李響, 2015, 長江經濟帶文化產業集聚水準測度及影響因素研究, 學習與實踐, No.4: 49-58.

王家庭·張容, 2009, 基於三階段DEA模型的中國31省市文化產業效率研究, 中國軟科學, No.9: 75-82.

王猛·王友鑫, 2015, 城市文化產業的影響因素研究——來自35個大中城市的證據, 江西財經大學學報, No.1: 12-20.

魏和清·李穎, 2021, 中國省域文化產業集聚的空間特徵及影響因素分析, 統計與決策, No.16: 66-70.

吳慧香, 2015, 中國文化產業生產率變遷及省際異質性研究, 科研管理, No.7: 64-69.

許和連·鄭川, 2014, 文化差異對我國核心文化產品貿易的影響研究——基於擴展後的引力模型分析, 對外經濟貿易大學學報, No.4: 32-43.

肖博華·李忠斌, 2014, 我國文化產業區域集聚度測算及影響因素研究, 統計與決策, No.18: 94-97.

邢悅·李智珩, 2014, "韓流": 韓國政府對華公共外交論析, 外交評論, No.6: 125-139.

葉前林·劉海玉·朱文興, 2022, 區域文化創意產業集聚水準測度及影響因素分析, 統計與決策, No.4: 84-87.

袁海, 2010, 中國省域文化產業集聚影響因素實證分析, 經濟經緯, No.3: 65-67.

袁海·吳振榮, 2012, 中國省域文化產業效率測算及影響因素實證分析, 軟科學, No.3: 72-77.

喻莎莎, 2013, 論文化產業集聚對我國區域經濟發展的影響, 商業時代, No.20: 116-118.

周升起·呂蓉慧, 2019, 我國文化產品貿易國際競爭力及其影響因素研究——基於供給需求, 價格月刊, No.7: 51-59.

鄭世林·葛珺沂, 2012, 文化體制改革與文化產業全要素生產率增長, 中國軟科學, No.10: 48-58.

張變玲, 2016, 文化產業集聚的影響因素研究——基於中國30個省市面板資料的實證分析, 科技和產業, No.12: 69-74.

張惠麗·王成軍·金青梅, 2014, 基於ISM的城市文化產業集群動力因素分析——以西安市為例, 企業經濟, No.4: 112-115.

Coelli, T. J., 1996. "A Guide to DEAP Version 2.1: A Data Envelopment Analysis Computer Program", CEPA Working Paper, Center for Efficiency and Productivity Analysis, University of new England, Armidale, Australia.

Fare, R., Grosskopf, S., Norris, M. and Zhang, Z., 1994. "Productivity growth, technical progress, and efficiency change in industrialized countries", American Economic Review, 84: 66-83.

Hofstede Geert, 1983. "National Cultures in Four Dimensions A Research-Based

Theory of Cultural Differences among Nations", International Studies of
Management and Organization, 13: 46-74.

Hausman, J. A., 1978. "Specification Tests in Econometrics", Econometrica, Vol. 46,
No. 6: 1251-1271.

Kogut, B. &Singh, H, 1988. "The Effect of National Culture on the Choice of Entry
Mode", Journal of International Business Studies, 19: 411-432.

유엔 상품무역 데이터뱅크(comtrade.un.org/db)

세계은행 데이터뱅크(https://data.worldbank.org/indicator)

중국 국가통계청(http://www.stats.gov.cn)

중국 문화문물 통계연감(2008)

중국 문화문물 통계연감(2009)

중국 문화문물 통계연감(2010)

중국 문화문물 통계연감(2011)

중국 문화문물 통계연감(2012)

중국 문화문물 통계연감(2013)

중국 문화문물 통계연감(2014)

중국 문화문물 통계연감(2015)

Hofstede(http://geerthofstede.com/landing-page)

UNCTAD Data Center(http://unctadstat.unctad.org)

부록

〈부표 1〉 중국 문화산업의 지역별 생산성에 관한 자료

단위: 명, 천 위안, 개

year	지역코드	취업자 수	자산	영업액	기업 수
2007	1	19797	1295702	928500	3401
2007	2	9752	2061003	933056	1562
2007	3	42137	2972186	1971953	10760
2007	4	31102	2064757	1579596	7017
2007	5	22398	1451589	1430108	7880
2007	6	44523	4188098	19026534	16570
2007	7	32659	2734654	1568056	9611
2007	8	24442	1819023	1253515	9544
2007	9	64542	72795711	14074895	5501
2007	10	78162	12158882	6566012	20963
2007	11	95764	16394247	10563154	16753
2007	12	49603	61151164	12772285	12163
2007	13	48490	5533983	4494669	8259
2007	14	44729	3019954	2740573	9343
2007	15	81852	13479222	9070523	18276
2007	16	53953	3231495	2332012	11492
2007	17	51868	3079523	2793736	12409
2007	18	69769	3909316	2818085	16895
2007	19	153093	9509932	6655939	18762
2007	20	51927	2531379	2306630	11461
2007	21	12361	1109072	971538	2450
2007	22	30874	2862042	2200829	8573
2007	23	88159	9153883	4774759	23585
2007	24	22916	1361551	1264223	6162
2007	25	52340	2786823	2556979	18691

2007	26	7574	235955	526335	2230
2007	27	33765	2702106	2259967	6172
2007	28	18175	1191159	651025	5299
2007	29	6311	262389	152510	1845
2007	30	10486	654190	594740	2512
2007	31	25069	1532037	1001641	10386
2008	1	19399	1367419	640815	3828
2008	2	8978	1111393	557657	1278
2008	3	42153	3188127	1657482	10553
2008	4	30303	2437729	1165180	7020
2008	5	24652	2089062	1118982	7956
2008	6	51617	2608327	5178334	15268
2008	7	33361	2934049	1634045	9199
2008	8	24821	2186916	1316861	9273
2008	9	64443	25856351	14744442	5217
2008	10	75960	10605850	5705298	20648
2008	11	100195	16619440	7680948	16850
2008	12	44386	6000062	2799148	11743
2008	13	51669	7228345	4760893	7684
2008	14	40508	3749216	2169805	9162
2008	15	91050	20135682	9773275	19203
2008	16	58435	4023054	2626534	10968
2008	17	52878	5105819	2836239	11838
2008	18	82058	6681316	4076837	16482
2008	19	155673	11120041	8051307	18080
2008	20	53578	2992426	2185594	10989
2008	21	11428	768055	549213	2204
2008	22	34279	3560942	2196645	7915
2008	23	79029	6383247	4041417	21136
2008	24	22748	2134122	1306307	5809
2008	25	62721	3478723	1877461	18220
2008	26	7525	347306	188023	2307
2008	27	29516	2344707	1538679	5119

140

2008	28	15232	1081687	591090	4449
2008	29	5530	296814	168838	1804
2008	30	10645	820029	541799	2470
2008	31	25106	1499000	984909	10917
2009	1	13067	964581	487669	2027
2009	2	10632	1510095	848865	1304
2009	3	42332	3421632	2013580	9025
2009	4	23811	2310401	1302496	5438
2009	5	23988	2824353	1912992	7625
2009	6	56696	5390426	2763138	12857
2009	7	28339	3106378	1902768	7991
2009	8	30214	2420687	1563589	8641
2009	9	54158	21679606	15505109	4134
2009	10	70902	10275595	6553085	14839
2009	11	80127	10262031	7563300	10464
2009	12	47386	5631840	3502352	10464
2009	13	48714	6349392	4975007	5986
2009	14	39209	3735527	2670550	8442
2009	15	77113	7129627	4677193	17000
2009	16	52375	4316116	3107415	9474
2009	17	54273	5275839	3639885	10501
2009	18	82590	6882215	4747261	14484
2009	19	133718	9660488	6733304	12456
2009	20	52059	3153091	2737670	7928
2009	21	9999	794607	523199	1663
2009	22	31460	2865896	1981176	6242
2009	23	73420	7697258	6044802	14918
2009	24	23458	1908187	1292914	4574
2009	25	40950	3168583	1899129	10957
2009	26	6128	412463	311884	1572
2009	27	34943	4160524	2968134	5076
2009	28	14047	1508665	796799	2697
2009	29	5537	412846	306915	1244

2009	30	8662	828444	511934	1778
2009	31	24605	1765807	1034673	7770
2010	1	16468	2261715	930253	1937
2010	2	12116	1946380	874837	1415
2010	3	43193	3686992	1914074	9498
2010	4	28020	2711774	1437290	5758
2010	5	26474	3246139	2027849	8157
2010	6	53746	5770590	2809693	12300
2010	7	30367	3520494	2189081	8101
2010	8	29455	2531639	1639006	8930
2010	9	60358	19590226	16922981	4647
2010	10	78852	11721386	7415858	15410
2010	11	86147	11530888	8083621	10832
2010	12	51244	5481430	4403670	9979
2010	13	52862	6915998	5080463	5836
2010	14	43143	4160401	2914179	8247
2010	15	78839	7683625	4442752	17120
2010	16	55421	5246788	3052810	9535
2010	17	56748	5873278	3545294	10447
2010	18	88700	8217764	5494057	15469
2010	19	158248	16438166	10944963	14202
2010	20	51973	3457403	2610786	8278
2010	21	13181	1261225	835934	1722
2010	22	34156	3190359	1957565	6672
2010	23	78995	8934231	6425739	15874
2010	24	23478	2255340	1489641	4828
2010	25	37248	3368778	1780616	8765
2010	26	7936	586891	270231	1731
2010	27	35119	4663559	2527039	5261
2010	28	17186	1709450	1014080	2912
2010	29	5731	432522	292594	1359
2010	30	9403	746448	490283	1898
2010	31	24061	2366570	1145333	7577

2011	1	58497	3510931	1662955	3765
2011	2	14411	5630721	2738370	1481
2011	3	45121	4003669	2104520	9938
2011	4	33262	3133474	1714332	6122
2011	5	24680	4764513	2427518	6298
2011	6	49848	5397823	2522464	11445
2011	7	21516	3041571	1670212	5472
2011	8	30000	2778470	1711609	8916
2011	9	64052	26884939	21401742	4337
2011	10	86941	16668843	8964594	15345
2011	11	105031	16000665	10701957	11466
2011	12	69582	7479003	4371203	11507
2011	13	67059	8614629	6384535	6003
2011	14	45654	5745205	3402508	9311
2011	15	84637	7759774	4601929	17269
2011	16	66841	7350837	3796326	10441
2011	17	61026	6968655	4220608	11054
2011	18	85715	9108160	5079764	13841
2011	19	176196	83245552	43791229	15542
2011	20	53156	3775717	2999710	8334
2011	21	19227	1787795	1247460	2140
2011	22	38482	4471699	2830236	6882
2011	23	89658	14607856	9053986	15989
2011	24	29534	3145228	1876674	4760
2011	25	58706	8140402	3260434	10903
2011	26	6360	633664	226961	1399
2011	27	33416	4667735	2723838	4354
2011	28	17131	1890747	1026912	2978
2011	29	6756	440683	313534	1343
2011	30	8829	950956	618036	1759
2011	31	21542	3446420	1387292	5056
2012	1	31775	10291655	3039032	4916
2012	2	16543	4794775	2093825	1545

2012	3	54748	8484921	3855483	9921
2012	4	34758	4728616	2264723	5214
2012	5	27247	3660285	1917332	6184
2012	6	46943	7807929	2963186	10922
2012	7	15406	2802891	902986	4439
2012	8	24524	2442249	1335704	8057
2012	9	75175	30157484	22971454	4687
2012	10	97582	21370237	10389371	17009
2012	11	118089	20889623	13450221	11799
2012	12	67314	9618025	4679819	10707
2012	13	69621	11930326	8271155	5560
2012	14	42955	19505287	5083675	7681
2012	15	71986	8913565	4333788	15676
2012	16	62704	8502421	3929529	10343
2012	17	68101	8360460	4566799	11439
2012	18	60901	10688260	4750005	12181
2012	19	193909	116950851	70207290	16266
2012	20	51612	4535949	2742733	8888
2012	21	15547	2317182	1844278	2012
2012	22	40414	6267055	3298139	6607
2012	23	130560	18536465	9559903	16555
2012	24	32671	4156582	2652784	4959
2012	25	66720	7260762	3413101	10784
2012	26	5052	578152	252091	1222
2012	27	33584	4767762	2410366	4474
2012	28	13994	1630632	995421	2496
2012	29	12748	874782	522028	1388
2012	30	4313	550645	276938	1512
2012	31	20051	4086493	1311647	5548
2013	1	25021	18373348	7053143	2255
2013	2	20069	2622213	956813	1514
2013	3	44555	4808797	2450655	9087
2013	4	12476	1248655	3692196	2045

144

2013	5	21457	16299501	2039513	6333
2013	6	50818	8646420	3487768	10821
2013	7	14358	2547009	1045381	4062
2013	8	25692	2906570	1453738	7922
2013	9	47223	10881181	6085550	3889
2013	10	95630	16696306	10020151	16324
2013	11	110256	36612735	10793726	11604
2013	12	66477	15859127	6449400	10521
2013	13	62650	8594921	5461564	4955
2013	14	42204	5614386	3095557	7915
2013	15	68344	9329821	5328097	14307
2013	16	61150	7109059	4025007	10164
2013	17	59231	8417974	5078341	10329
2013	18	64337	7669954	4420246	13468
2013	19	164775	45162596	21347472	16304
2013	20	52841	5671190	3028930	8184
2013	21	12477	11443494	3661954	1675
2013	22	39588	4907978	3269763	6250
2013	23	94210	12768690	8642816	15778
2013	24	32857	4616569	2607080	4837
2013	25	75183	7197121	4021010	11278
2013	26	3537	1249115	552980	483
2013	27	27823	4400391	2025023	3968
2013	28	18569	3588222	1596870	2779
2013	29	4378	435264	372947	1044
2013	30	9746	1221132	751396	1748
2013	31	23886	3600308	1842049	4741
2014	1	18536	20604399	6865204	2260
2014	2	13645	2709148	781287	1626
2014	3	37928	5553027	2069032	7396
2014	4	28651	4180474	2127008	4721
2014	5	22702	8734209	2550355	6516
2014	6	41043	5747204	3070246	9247

2014	7	15738	2586241	1219604	4139
2014	8	23045	2536847	1405290	7094
2014	9	32498	12865840	4111028	3646
2014	10	88953	15648398	8859088	15804
2014	11	114195	29458834	11273247	12598
2014	12	61660	18624524	3928701	9932
2014	13	52550	6801905	24263757	4522
2014	14	39353	4756681	2823499	7499
2014	15	61801	6696672	3520268	13093
2014	16	65685	8458943	4005646	11284
2014	17	51723	7677338	6065324	9167
2014	18	72207	7487860	6246000	14118
2014	19	132439	21253210	9475268	15444
2014	20	40230	4325505	2470098	6878
2014	21	11416	2025203	1122172	1210
2014	22	40217	4159893	3346867	5896
2014	23	86138	13917540	8225109	15304
2014	24	33427	13840997	3011721	5021
2014	25	56892	9882317	4626891	11429
2014	26	5967	1055992	586824	868
2014	27	27520	3933075	2178791	4036
2014	28	18433	2829531	14890819	2968
2014	29	5089	611161	400131	1081
2014	30	7886	1185289	756615	1486
2014	31	16335	6264296	15149056	3881

〈부표 2〉 중국 문화제조업, 문화유통업, 문화서비스업의 생산성에 관한 자료

단위: 명, 만 위안

year	지역코드	문화제조업			문화유통업			문화서비스업		
		취업자수	자산	영업액	취업자수	자산	영업액	취업자수	자산	영업액
2013	1	44468	3931217	3156618	50904	12998788	19114252	320451	40380110	29281315
2013	2	88368	5870985	10998757	8911	1754912	1790121	48587	12299375	4225976
2013	3	99955	4940193	8228282	11380	922885	1061966	30865	2164754	900600
2013	4	16063	622641	481969	7610	866470	1147215	15394	1483784	271341
2013	5	7250	863092	1417952	2503	199642	214698	14048	1494959	547620
2013	6	74856	4627135	7442147	9291	877291	1400414	91362	5471442	2945742
2013	7	12272	807631	1024883	3247	204667	252893	15107	1288031	423229
2013	8	12264	401229	770063	3708	162875	393053	8520	640013	277983
2013	9	110070	8000684	12560300	29594	11134222	29612023	210413	36488132	23087127
2013	10	665102	41490826	60777791	55313	5466776	9591658	285784	31366322	13548811
2013	11	339217	24597928	22445361	42485	5747697	10316729	126232	22919223	12307547
2013	12	136272	7045628	10056889	13127	1647486	4106079	40954	5570609	2017150
2013	13	307260	9487400	17832951	10837	1429106	2600025	49973	4846304	2174823
2013	14	135004	4819328	10539236	8984	911164	1411774	24248	1762406	926344
2013	15	409690	29516172	47741819	39729	5429529	9878753	87556	7901731	2954749
2013	16	270437	12013306	17615400	28419	1702320	2689839	73654	6085037	2569850
2013	17	87750	4756146	7502325	19347	1451375	2622530	81433	9464628	4533926
2013	18	328661	8210744	21445341	18626	1544392	2835458	56550	8061936	2752520
2013	19	1501613	51685536	84229249	70318	10420922	19626758	270523	29503729	20015917
2013	20	100582	2794887	4663653	6037	531316	579893	25827	1795031	818310
2013	21	5449	3359946	796179	1538	160094	112052	12808	1559312	630419
2013	22	43818	2884998	3130663	16156	2113186	7204656	41766	6002109	2092408
2013	23	121191	11136783	12106010	16720	1501959	1878020	34334	4192353	1387247
2013	24	6052	369030	608742	2493	405816	305608	13085	1306724	406966
2013	25	19375	1161221	1242218	9458	1285298	1219072	26205	3281166	916302
2013	26	750	46425	26209	135	11846	13324	280	7081	3963
2013	27	18383	1003828	1214828	5917	586572	809618	28590	6832644	2196832
2013	28	6127	172878	138793	3818	299990	401664	6208	488227	212847
2013	29	6927	890889	479139	557	136847	688134	1681	95905	40029
2013	30	4777	293077	106184	650	46904	42837	3205	285105	113569
2013	31	2792	160455	153146	3393	403953	335218	8138	328085	235999

147

2014	1	42216	4102945	3177391	55480	15318315	21210898	380179	59957674	44380353
2014	2	89573	6710332	12679794	11118	2296443	2935452	69478	11645262	6391144
2014	3	102264	5622101	9126489	14313	1232805	1608787	39952	2758454	1148775
2014	4	13838	617312	443350	7462	915807	1235961	19958	1936219	398745
2014	5	7224	566115	1463658	3059	285375	328552	9982	1938137	397511
2014	6	67207	5050783	6839801	10763	1061047	1720050	86676	5319587	2915525
2014	7	12208	926536	1178111	4047	299255	394241	17286	2008984	631388
2014	8	11411	411842	891908	4555	249707	413250	9858	877060	298036
2014	9	105286	8430634	12923114	28827	12611354	32332935	226395	42431387	25774179
2014	10	732957	48688008	71021048	55554	6668027	11566720	314661	37542755	15864419
2014	11	355954	26521373	24155178	34555	6095125	10861357	142532	30341000	15797163
2014	12	147017	8281837	11754684	14633	2340018	4016773	45636	5559127	2190615
2014	13	315094	10997536	20682843	11847	2049713	3272973	57599	6201954	2713006
2014	14	146909	5770928	12743766	7599	939669	966338	32253	2635852	1309832
2014	15	457451	36208914	58457133	40503	7086022	11865974	94568	11352082	3670512
2014	16	303932	14397086	21279343	29144	2142987	3476852	97447	7777937	2661669
2014	17	93252	5256238	8741999	21348	1719242	3033825	89984	10865648	4485161
2014	18	384395	10428472	24504381	19563	1964256	3448634	64025	9746807	3450879
2014	19	1450260	58691804	92823009	77919	12386677	22120488	326935	41672195	22449025
2014	20	100400	2757254	4635421	6779	859247	646743	34853	2333708	1058744
2014	21	4515	3219436	913856	1355	173937	116912	15333	1764033	787067
2014	22	54039	3591187	4169769	14659	1567706	3141222	57824	7162691	2556781
2014	23	121111	11956135	12937415	15863	1834622	1872301	51359	6331289	2370954
2014	24	10128	603554	1076089	2983	622080	420035	17321	1742601	679540
2014	25	19766	1344821	1426619	10140	1148484	1332264	31320	4228847	1053602
2014	26	858	85121	29575	182	15885	14778	623	107329	20433
2014	27	26124	1497242	1954375	7652	599256	1013417	36865	5574577	1562614
2014	28	6401	224800	175968	4553	546383	479919	9149	663096	240928
2014	29	7271	942839	555686	694	140033	720739	2407	159459	61190
2014	30	5017	325534	148574	700	58451	44292	4095	446893	163585
2014	31	3086	179459	180609	3359	454877	412853	13111	1034795	810357
2015	1	38612	4322587	3603809	49809	15970632	19608562	385884	73902865	52268206
2015	2	83298	6957917	12966509	8851	2847408	2479548	70860	12901281	7472360
2015	3	103564	5948797	9589978	12725	1288953	1483438	44124	4266298	1332822
2015	4	14264	618362	432959	5926	692948	984221	19514	2095874	424099

2015	5	5002	508481	1033708	2578	262506	320293	10189	2555115	440518
2015	6	47216	4748148	4261158	10671	1013505	1516055	81121	6369332	2720037
2015	7	10979	1099361	1322282	3451	218016	283503	18748	2994716	703302
2015	8	11598	547600	991265	3236	301282	277642	10258	1161273	329188
2015	9	93591	8354610	12526616	29544	12497958	42030236	283938	63997963	31194335
2015	10	748267	52398308	79070880	70578	15546975	25906704	341177	45353205	19559611
2015	11	364200	27783298	26115723	44747	6701744	12851942	156965	46207194	24142104
2015	12	154780	10237752	14541762	13007	2651234	3638891	58090	6955963	2903935
2015	13	317570	12045118	23333051	11955	2341046	4772026	78079	8006331	3378880
2015	14	163609	7811981	15180248	9392	1386210	1161029	35905	3139956	1624865
2015	15	491600	44754707	68099320	41488	6890943	12184025	111400	13095935	4556661
2015	16	313558	16008380	24311212	29632	2206637	3972320	115423	10460691	3513335
2015	17	99744	7588280	11587526	23512	2090419	4107613	121985	13473922	5713247
2015	18	389626	11779617	27829230	16669	2282143	3294335	79633	12784580	4984629
2015	19	1387237	63032380	88474254	72705	12399981	23818659	291983	54042714	24791578
2015	20	94155	2967292	5043082	6509	645403	642929	32300	2479118	1010580
2015	21	3802	3234498	963978	1167	140327	77051	15699	1810300	812560
2015	22	55024	3853568	5104459	15072	1714349	2811516	67534	9191185	3491137
2015	23	140822	12558161	15623637	19852	2853592	2950537	73064	8981062	2964803
2015	24	10414	641455	1278414	3341	828226	521301	27272	2798692	1028817
2015	25	21476	1495233	1815052	10497	1482962	2163453	34959	5072858	1171808
2015	26	861	91982	39019	184	18849	21564	759	110773	22787
2015	27	25200	1749213	2483778	9142	747581	1794732	42678	6673370	1585294
2015	28	7060	276122	178858	4250	936132	494629	10213	884883	271160
2015	29	7177	1247859	755856	798	171822	415434	2944	219104	84725
2015	30	4737	496843	309153	674	68283	47273	6197	749324	197889
2015	31	3118	184341	155907	3218	554077	442316	13054	1191042	835686
2016	1	34799	4438859	3895421	45476	15174737	18380430	401006	89088781	59678639
2016	2	76012	6518635	11730573	8469	2228492	2763894	68573	15433610	8822921
2016	3	106951	6245544	10948296	17815	1343891	1752579	56539	6459124	1821960
2016	4	11790	601341	415531	6044	761604	862844	21707	2594320	460156
2016	5	4743	434360	738523	2788	375602	386367	11658	3032131	469969
2016	6	36273	4167735	2597681	9829	788077	1429147	74707	5533940	2598433
2016	7	11083	1129119	1420484	4141	301429	393644	24333	3411790	804372
2016	8	11084	532871	1033885	3110	316636	291877	12315	1580568	413128

149

2016	9	91785	9329110	13108639	33622	14950474	39258418	295467	73454804	35351593
2016	10	754733	57049421	89488423	70172	18752071	31049426	379671	53187086	23593336
2016	11	353880	28334856	27212352	44390	7697852	12592890	167518	57627459	31661317
2016	12	155221	11249572	15640310	17121	4244026	5070317	61140	8328679	3599663
2016	13	318642	12830096	25837963	12219	2674607	4611412	83299	8680962	3907207
2016	14	177372	9077637	16936470	9633	1186516	1233784	44173	3954151	1898633
2016	15	512398	48495523	74731286	46695	7755499	14077408	122590	17642832	6046435
2016	16	306128	16646351	26525528	39635	2601543	4838709	140058	13351309	4444699
2016	17	100662	7900664	11859901	21742	1932294	3215987	131493	15925929	7485657
2016	18	382564	13292689	30868410	18192	2610222	3612273	102073	15443762	5836606
2016	19	1391412	65290171	92492344	83010	15538402	31589174	362567	90788555	34658638
2016	20	86167	2682229	5500391	6497	982634	840925	31103	2874476	1062531
2016	21	3376	3165490	940696	1237	181902	100745	17596	2086294	917280
2016	22	48289	4320357	5593824	13931	1585439	2609590	77864	10660594	4473318
2016	23	137330	13439992	16898804	19547	3892391	3803471	92491	14259269	5177219
2016	24	17340	848398	1748573	4077	664392	612334	33866	4075369	1370028
2016	25	27271	2022040	2315495	9216	1572883	4040302	44937	10113855	2207001
2016	26	828	81185	40913	177	18034	16494	1560	169093	28523
2016	27	23166	1734669	2676800	9153	836085	1992715	50048	8084551	2099474
2016	28	6482	325479	220974	4288	1136659	563185	13206	2078085	371466
2016	29	7600	1073401	944789	850	138507	409894	3029	449593	412352
2016	30	4299	522222	215331	685	100150	51787	6796	1079715	243592
2016	31	3043	210764	200928	3235	621730	478480	13652	1522122	880033
2017	1	32867	4757442	3945982	49837	14576793	18765227	458667	119545191	73148923
2017	2	31322	4363951	5271986	4998	1720959	2305337	64651	17311813	10265096
2017	3	108464	6263884	8515208	16895	1436806	1890137	65125	8532853	1904765
2017	4	13032	720022	466626	5397	821997	1045361	24669	3533646	584440
2017	5	2104	278019	229017	2285	434166	211869	13370	3800660	547422
2017	6	21431	2297370	2014531	10665	917614	1518514	89735	8092650	3226805
2017	7	10612	1460513	1202190	4088	323410	367224	27385	5304072	901259
2017	8	7170	570384	339335	3265	371490	407986	22845	2203674	701193
2017	9	91393	8699501	13634499	35787	15374959	41305136	310626	89188442	38079232
2017	10	654622	56236601	75202464	62713	23732260	32730964	458796	74892344	33164735
2017	11	342661	27375973	25346323	31307	6807211	11173714	175389	65316487	42660753
2017	12	153895	11490512	15847852	15310	4257860	5708842	93087	13248997	5481212

2017	13	328472	12877126	27388083	12438	2854054	5811481	104777	9461374	5337349
2017	14	159004	8371912	13963664	8664	1650650	1316208	54011	6013217	2836718
2017	15	485262	51764350	71874654	48124	8755421	15507434	150355	24138367	7681081
2017	16	287614	15084816	25748724	41677	2199808	4355387	167739	16016087	6067589
2017	17	109394	9570515	12684653	21761	2179490	3112171	159983	23489083	9563158
2017	18	323280	10706170	24238223	16538	2491150	3286067	119755	22604123	7266016
2017	19	1360708	73669253	100165195	85222	17592501	30798868	378824	135691821	44506078
2017	20	84899	2816094	5833716	6459	990194	908469	35701	4302984	1221603
2017	21	3339	3217821	1054780	1068	177094	87474	18012	2463481	1134920
2017	22	40849	3306347	3948172	14501	2641422	4099386	78300	14754161	5560962
2017	23	134410	17482478	18457865	19449	3892654	3111230	109174	19062968	7693543
2017	24	19445	1097068	1956214	4547	670780	557596	42493	7500888	1354486
2017	25	24515	2174973	2867502	11322	1602647	2814418	47307	11396471	2552978
2017	26	794	78637	34218	185	20531	18887	2203	451563	57650
2017	27	27048	1978162	3037517	10533	1003625	2102463	70879	11646610	2906216
2017	28	5005	305118	207711	3613	1366280	548639	19444	3172465	503070
2017	29	5726	344634	313155	1022	154002	412823	4043	819061	461324
2017	30	4494	534304	296703	676	112473	64860	7321	947324	196485
2017	31	2865	250464	150990	3337	670855	496227	9346	2033383	1342957
2018	1	33141	4866941	4135344	46874	14230273	16543219	433187	115490499	77021332
2018	2	42712	4674421	5798373	5063	1848792	2586972	63007	16970352	12316852
2018	3	109449	5454577	4934387	17911	1709590	1893551	65942	9010616	2027810
2018	4	8333	697516	282698	4811	871224	837863	24046	3275816	591992
2018	5	4096	819483	349553	2290	468281	224524	12973	3583709	477290
2018	6	21105	2401920	2120918	9884	957666	1253112	87086	7999984	3293238
2018	7	10528	1496822	420788	4188	343767	293889	26800	4497611	895413
2018	8	7062	558055	319555	3278	373722	274346	20177	2014868	560019
2018	9	66546	7623210	11603438	30803	13422555	37951922	285265	81867610	37872344
2018	10	545898	50067905	58338882	54430	10440291	16828796	450493	70800792	33010251
2018	11	321654	25635334	23675095	31285	7360459	11863059	176901	66157544	50738296
2018	12	143930	11378523	14236112	16402	4250775	4992603	84255	12160730	5149730
2018	13	325477	13392445	29748395	12451	3576812	7586958	107573	11048405	5701771
2018	14	157083	8883725	11619790	9196	2461339	1506057	53423	5562127	2359607
2018	15	455817	47057877	41830873	49278	10956720	16234743	151545	24215648	7150422
2018	16	281165	10510038	10768078	40682	2136842	3208941	164233	16173288	6624517

151

2018	17	113177	10348758	12699404	19340	2249412	3535351	146248	21544887	10335730
2018	18	322982	10633523	20537917	15352	1956398	3266635	117498	21947864	7523120
2018	19	1329934	76069714	91467546	75256	14015727	21399446	382642	138507935	53927905
2018	20	84110	2409549	3662719	6401	1124743	885960	38743	4352318	1380464
2018	21	3339	3311868	1118282	1049	174901	87256	19487	2524401	1489743
2018	22	36076	3146067	3475716	14338	2164090	2730527	80579	15126882	6888636
2018	23	134351	19089681	18915225	18551	4686954	4687253	105822	19269959	8592334
2018	24	18743	1126056	1222625	4547	816380	550938	42191	6698562	1648086
2018	25	25655	2986241	3331949	11544	1481582	2313305	46409	11240902	1967509
2018	26	794	59551	19807	185	20518	23698	1449	220360	70526
2018	27	27568	5289424	3520158	11007	1086444	2553424	53502	9266417	2364790
2018	28	3820	237833	92409	2916	1259516	570978	20617	3311130	529708
2018	29	5021	236014	133899	1042	101128	87872	4173	821533	501891
2018	30	4034	497838	265776	666	115983	57199	6202	880179	157841
2018	31	2865	244473	97786	3387	699602	451049	10773	2104518	1375583
2019	1	28408	5145649	4195569	48453	20557492	22493250	465504	164500246	103283831
2019	2	23635	2799434	3364425	4038	1356179	2368986	50195	20820525	13713389
2019	3	67656	5397797	5178130	15427	1633333	1946645	70253	15761382	2479544
2019	4	7346	765399	436097	5455	1123554	957899	24535	8105671	972910
2019	5	1778	211081	197644	2117	492135	290284	13344	2509901	522413
2019	6	26473	2928041	2369909	6876	746426	1173309	88911	9332046	3905506
2019	7	5605	670868	324506	3609	353793	295188	16696	4452902	746633
2019	8	4312	323817	205393	3586	547486	422875	19699	2194831	716948
2019	9	73679	8430418	13900159	35982	11208281	21615818	280550	95101067	49850638
2019	10	482833	49248639	52805954	56154	14340709	21428978	437683	116011619	34361111
2019	11	327845	27738519	25045903	37211	8185795	13799670	202068	98495015	65429758
2019	12	136812	13706652	14492630	14996	4253576	5054529	85457	19341643	6457433
2019	13	329541	15492545	35208830	14833	3725959	10490915	112849	14412005	8464098
2019	14	211422	11000686	14752397	8679	1712014	1641293	49083	7885324	3635158
2019	15	237015	40797653	27162454	41278	12461671	16794395	119315	30610145	7344371
2019	16	175225	11429320	12485407	31289	2206652	3928101	139029	16893793	7161121
2019	17	139395	12394985	17902283	22607	3104867	4382658	270674	42131677	17248349
2019	18	269737	11716044	21647331	22056	2085333	3711551	129530	22406424	8744075
2019	19	1134116	78908386	90979751	86282	16392753	26956184	448887	123517713	63478557
2019	20	50269	2028192	3044548	5473	1280137	1148267	35419	4819831	2565334

2019	21	3228	3001756	1216861	1955	272836	434134	19307	3722290	1629810
2019	22	55382	3959557	5417414	14507	2673287	3091526	77926	22845225	8143344
2019	23	109497	14028098	19198825	16904	6079956	6053747	126389	24985180	10833101
2019	24	15464	903089	1147847	3137	820200	593036	33071	7926274	1603318
2019	25	25485	3278358	3148659	8220	1224773	1328472	45740	9646116	2777859
2019	26	538	52382	13083	72	9108	12504	2039	552153	227365
2019	27	31686	5630635	4190102	10296	1140440	1741619	83714	17823579	5041514
2019	28	2898	163820	78738	3626	1269235	546481	15860	3041404	533302
2019	29	1166	97274	40523	873	106035	56933	3422	741045	427138
2019	30	3725	480827	214559	570	129163	95904	5231	723270	160330
2019	31	3017	153855	78003	3236	717618	486548	10168	4133556	2083833
2020	1	24921	5145649	4714441	41598	19731793	22569466	493820	212278442	122156352
2020	2	21464	2799434	2835743	3592	1091589	1368188	43022	18245584	12340343
2020	3	61260	5397797	4867336	14041	1629225	1790896	58996	13714013	2298483
2020	4	7558	765399	405115	5526	1165584	982180	23692	9277158	1160494
2020	5	1660	211081	222374	2715	532974	331618	12621	2697881	414562
2020	6	25765	2928041	2215450	7334	797537	1445204	86667	8956849	3236634
2020	7	4433	670868	294515	3545	357414	314179	15511	4750005	675351
2020	8	3888	323817	177451	3504	581705	401853	17246	2259243	607051
2020	9	57481	8430418	12838672	38617	12856017	20996471	310780	118484441	56667467
2020	10	512462	49248639	55092977	58885	16798322	21091250	492151	144398697	35434261
2020	11	330433	27738519	26357171	35003	9181645	15308322	214562	115471892	75335474
2020	12	129338	13706652	14019366	13914	4384210	5836096	81284	17885471	7043737
2020	13	309459	15492545	32478991	14215	4498780	10606310	109076	17356819	10045190
2020	14	204163	11000686	18731421	9199	3430898	1810612	49840	9600142	4362640
2020	15	215137	40797653	27730263	37204	10886541	14452188	123525	32011071	7481976
2020	16	167607	11429320	11959495	30058	2239455	3834845	137021	17710781	7468875
2020	17	143422	12394985	16351527	22277	3058986	3518364	200323	40138984	18093504
2020	18	242866	11716044	20596234	20179	1787218	3238245	127805	24768928	8849797
2020	19	1065457	78908386	88378748	87376	17713732	20786661	451445	153243851	71272177
2020	20	42709	2028192	4144691	5256	1347052	1227071	36299	5659308	3735935
2020	21	3136	3001756	1173610	1803	575394	1547116	21286	5252712	3935401
2020	22	54906	3959557	5505577	11327	2247167	2369748	84903	26182525	9266045
2020	23	135726	14028098	22217700	15879	6206549	4177174	137770	33682474	14390961
2020	24	13941	903089	1009958	2455	851068	522501	33447	9239465	2091509

153

2020	25	23317	3278358	2925654	7781	1127207	1342990	43777	10010854	2544680
2020	26	378	52382	9846	71	8773	13360	2191	665929	225209
2020	27	30612	5630635	3677715	9546	1223954	1517778	83703	20430423	5144935
2020	28	2299	163820	69102	3655	483289	484440	13675	2351509	475837
2020	29	1048	97274	30977	758	90229	44033	4381	1158979	102748
2020	30	4073	480827	224589	540	138662	84242	5802	808262	162628
2020	31	3875	153855	118241	3352	824362	521950	9903	4511417	1719947

〈부표 3〉 문화산업의 지역화 결정요인에 관한 자료

단위: 만 명, 위안, 억 위안, %, 건

year	지역코드	EMP1	EMP2	PAT	URB	CON	TEL	EXP
2013	1	41.6	742.3	123336	86.4	3984.9	757.0	154.7
2013	2	14.6	302.4	60915	82.3	2353.4	213.1	44.5
2013	3	14.2	653.4	27619	48.0	1550.6	728.7	72.7
2013	4	3.9	464.0	18859	52.9	2065.4	392.3	66.7
2013	5	2.4	303.8	6388	59.8	2111.0	311.2	88.0
2013	6	17.6	689.1	45996	66.5	2258.5	582.2	95.3
2013	7	3.1	338.4	10751	55.7	1935.0	295.5	56.5
2013	8	2.4	467.8	32264	58.0	1396.4	377.3	52.4
2013	9	35.0	618.8	86450	89.6	4122.1	791.8	89.2
2013	10	100.6	1503.3	504500	64.4	3290.0	1402.8	173.5
2013	11	50.8	1071.6	294014	63.9	2848.7	1283.5	106.0
2013	12	19.0	519.7	93353	47.9	1904.1	534.0	79.5
2013	13	36.8	644.0	53701	60.8	2448.4	738.4	57.9
2013	14	16.8	445.0	16938	49.0	1671.2	379.2	52.6
2013	15	53.7	1290.6	155170	53.5	1909.8	1063.8	127.5
2013	16	37.3	1076.0	55920	43.6	1911.2	837.8	80.8
2013	17	18.9	696.5	50816	54.5	1922.8	610.2	72.4
2013	18	40.4	601.0	41336	47.6	2080.5	595.3	68.9
2013	19	184.2	1967.0	264265	68.1	3222.4	2768.1	141.7
2013	20	13.2	403.0	23251	45.1	2084.0	435.3	49.9
2013	21	2.0	98.8	2359	52.3	1923.5	126.4	21.9
2013	22	10.2	402.0	49036	58.3	1722.7	357.6	34.9
2013	23	17.2	846.2	82453	45.0	1877.5	842.8	142.4
2013	24	2.2	296.7	17405	37.9	1950.3	331.8	48.7
2013	25	5.5	428.1	11512	40.0	2045.3	452.8	61.3
2013	26	0.1	31.0	203	23.9	1551.3	41.7	22.5
2013	27	5.3	505.3	57287	51.6	2208.1	477.8	100.4
2013	28	1.6	256.6	10976	40.5	1547.6	238.7	59.8
2013	29	0.9	64.2	1099	49.3	1472.0	67.5	25.8
2013	30	0.9	72.2	3230	52.8	1868.4	80.4	16.6

155

2013	31	1.4	309.5	8224	44.9	1598.0	317.1	74.6
2014	1	47.8	755.9	138111	86.5	3268.3	889.9	163.9
2014	2	17.0	295.5	63422	82.6	1833.8	243.6	47.9
2014	3	15.7	656.2	30000	49.4	1144.5	825.5	82.7
2014	4	4.1	452.1	15687	54.3	1484.6	431.1	64.0
2014	5	2.0	301.5	6359	61.0	1813.2	336.0	91.9
2014	6	16.5	665.2	37860	67.1	1834.4	647.3	92.6
2014	7	3.4	334.4	11933	56.8	1550.8	328.2	61.2
2014	8	2.6	450.9	31856	59.2	1406.8	430.5	45.6
2014	9	36.1	648.9	81664	89.3	3311.4	906.0	86.4
2014	10	110.3	1602.4	421907	65.7	2238.2	1680.3	190.9
2014	11	53.3	1102.7	261435	65.0	2169.0	1682.6	115.4
2014	12	20.7	521.7	99160	49.3	1157.3	630.0	82.3
2014	13	38.5	654.6	58075	62.0	1667.2	856.9	64.2
2014	14	18.7	465.3	25594	50.6	1151.1	445.8	60.0
2014	15	59.3	1266.3	158619	54.8	1303.0	1212.7	127.8
2014	16	43.1	1108.9	62434	45.1	1160.8	1011.1	91.2
2014	17	20.5	706.8	59050	55.7	1479.8	719.1	76.7
2014	18	46.8	597.9	44194	49.0	1764.9	744.9	80.0
2014	19	185.5	1973.3	278358	68.6	1965.0	3353.4	168.2
2014	20	14.2	401.5	32298	46.5	1115.3	502.1	68.5
2014	21	2.1	101.5	2416	53.3	1358.4	139.4	23.5
2014	22	12.7	414.5	55298	59.7	1319.3	417.9	36.0
2014	23	18.8	808.7	91167	46.5	1061.0	1027.0	135.7
2014	24	3.0	304.7	22467	40.2	1222.0	381.7	54.7
2014	25	6.1	419.6	13343	41.2	1096.7	566.9	56.2
2014	26	0.2	32.5	248	26.2	266.7	47.8	34.1
2014	27	7.1	516.5	56235	53.0	1500.4	566.6	93.2
2014	28	2.0	264.7	12020	42.3	1092.4	277.5	49.6
2014	29	1.0	63.2	1534	50.8	1293.0	80.8	34.2
2014	30	1.0	73.2	3532	54.8	1416.4	102.6	16.0
2014	31	2.0	316.6	10210	46.8	1102.2	349.3	74.3
2015	1	47.4	777.3	156312	86.7	3634.6	1181.9	188.5

2015	2	16.3	294.8	79963	82.9	2096.0	321.1	51.7
2015	3	16.0	643.6	44060	51.7	1338.6	997.9	88.3
2015	4	4.0	440.3	14948	55.9	1628.0	515.9	73.1
2015	5	1.8	298.3	8876	62.1	2067.1	400.3	95.8
2015	6	13.9	618.4	42153	68.1	1973.3	804.5	88.6
2015	7	3.3	325.1	14800	57.6	1683.6	387.3	73.0
2015	8	2.5	433.5	34611	60.5	1526.2	511.4	53.2
2015	9	40.7	637.2	100006	88.5	3718.1	1164.5	108.2
2015	10	116.0	1552.1	428337	67.5	2423.8	2316.5	196.1
2015	11	56.6	1083.4	307264	66.3	2428.3	2424.6	165.4
2015	12	22.6	513.8	127709	51.0	1339.3	823.5	88.2
2015	13	40.8	663.1	83146	63.2	1784.7	1077.8	84.8
2015	14	20.9	480.5	36936	52.3	1354.0	620.1	68.9
2015	15	64.4	1236.7	193220	57.0	1557.3	1474.6	137.3
2015	16	45.9	1125.9	74373	47.0	1337.2	1328.2	105.4
2015	17	24.5	712.3	74240	57.2	1577.6	965.8	84.0
2015	18	48.6	579.1	54501	50.8	2049.7	906.7	111.7
2015	19	175.2	1948.0	355939	69.5	2117.3	4378.8	194.6
2015	20	13.3	405.4	43696	48.0	1280.1	651.5	79.0
2015	21	2.1	100.4	3127	54.9	1278.0	183.9	25.5
2015	22	13.8	415.6	82791	61.5	1513.4	554.6	47.0
2015	23	23.4	795.5	110746	48.3	1207.9	1297.6	139.4
2015	24	4.1	307.5	18295	43.0	1401.2	515.2	61.2
2015	25	6.7	414.7	17603	42.9	1281.5	792.6	61.7
2015	26	0.2	33.4	309	28.9	314.1	56.4	34.7
2015	27	7.7	511.8	74904	54.7	1608.4	761.0	103.1
2015	28	2.2	261.8	14584	44.2	1315.9	365.6	62.8
2015	29	1.1	62.7	2590	51.7	1383.4	105.4	33.6
2015	30	1.2	73.1	4394	57.0	1707.9	135.4	21.0
2015	31	1.9	317.2	12250	48.8	1282.1	404.8	79.0
2016	1	48.1	791.5	189129	86.8	3686.6	386.0	198.4
2016	2	15.3	286.0	106514	83.3	2404.0	86.5	57.2
2016	3	18.1	639.6	54838	53.9	1449.2	196.8	87.5

157

2016	4	4.0	430.6	20031	57.3	1810.7	56.9	72.6
2016	5	1.9	293.2	10672	63.4	2165.8	27.3	89.3
2016	6	12.1	560.4	52603	68.9	2422.1	101.4	84.7
2016	7	4.0	322.1	18922	58.8	1850.1	46.0	72.0
2016	8	2.7	424.9	35293	61.1	1688.3	68.7	53.2
2016	9	42.1	627.8	119937	89.0	4174.6	564.3	113.3
2016	10	120.5	1497.3	512429	68.9	2514.5	663.7	193.3
2016	11	56.6	1060.9	393147	67.7	2794.3	1250.8	158.7
2016	12	23.3	517.1	172552	52.6	1558.8	174.9	84.2
2016	13	41.4	668.8	130376	64.4	1905.4	300.7	81.3
2016	14	23.1	471.5	60494	54.0	1424.4	100.3	70.5
2016	15	68.2	1215.5	212911	59.1	1754.6	301.6	137.5
2016	16	48.6	1145.0	94669	48.8	1439.5	233.2	97.3
2016	17	25.4	719.3	95157	58.6	1739.5	192.1	96.6
2016	18	50.3	568.4	67779	52.7	2392.7	143.4	140.7
2016	19	183.7	1957.6	505667	70.2	2451.2	1886.3	229.7
2016	20	12.4	401.4	59239	49.2	1444.0	63.7	71.1
2016	21	2.2	101.2	3658	56.7	1544.9	16.9	26.9
2016	22	14.0	412.9	59518	63.3	1745.9	79.2	48.0
2016	23	24.9	787.5	142522	50.0	1284.8	199.0	145.2
2016	24	5.5	310.5	25315	45.6	1602.5	42.7	67.3
2016	25	8.1	419.0	23709	44.6	1429.8	50.1	77.9
2016	26	0.3	31.5	712	31.6	370.1	3.1	34.9
2016	27	8.2	511.4	69611	56.4	1785.2	92.0	125.9
2016	28	2.4	261.0	20276	46.1	1502.1	22.2	63.8
2016	29	1.1	63.1	3284	53.6	1568.2	4.8	33.3
2016	30	1.2	70.7	6149	58.7	1772.1	15.2	25.2
2016	31	2.0	320.5	14105	50.4	1471.2	27.5	77.6
2017	1	54.1	812.9	185928	86.9	3916.7	419.3	209.0
2017	2	10.1	269.5	86996	83.6	2691.5	106.1	57.9
2017	3	19.0	535.3	61288	55.7	1578.3	269.0	103.2
2017	4	4.3	428.7	20697	58.6	1879.3	72.4	71.9
2017	5	1.8	280.6	11701	64.6	2227.8	34.3	116.8

158

2017	6	12.2	519.5	49871	69.5	2534.5	127.2	86.4
2017	7	4.2	307.1	20450	59.7	1928.5	57.8	70.7
2017	8	3.3	413.0	30958	61.9	1898.0	79.4	53.6
2017	9	43.8	632.3	131740	89.1	4685.9	711.9	191.3
2017	10	117.6	1484.6	514402	70.2	2747.6	880.9	194.4
2017	11	54.9	1054.5	377115	68.9	2844.9	1728.4	159.7
2017	12	26.2	516.2	175872	54.3	1700.5	248.0	80.9
2017	13	44.6	672.5	128079	65.8	1966.4	392.9	87.3
2017	14	22.2	463.5	70591	55.7	1606.8	129.7	74.7
2017	15	68.4	1192.9	204859	60.8	1948.4	392.9	141.9
2017	16	49.7	1129.3	119240	50.6	1559.8	332.7	97.5
2017	17	29.1	695.0	110234	59.9	1930.4	265.7	95.3
2017	18	46.0	565.7	77934	54.6	2805.1	192.6	148.8
2017	19	182.5	1963.1	627834	70.7	2620.4	2526.3	285.9
2017	20	12.7	398.0	56988	50.6	1585.8	88.0	64.4
2017	21	2.2	100.9	4564	58.0	1756.8	19.0	29.9
2017	22	13.4	406.4	64648	65.0	1993.0	100.0	48.9
2017	23	26.3	792.2	167484	51.8	1468.2	269.3	142.5
2017	24	6.6	315.2	34610	47.8	1783.3	53.2	64.7
2017	25	8.3	422.4	28695	46.3	1573.7	66.2	71.3
2017	26	0.3	33.3	1097	33.4	441.6	3.4	44.9
2017	27	10.8	510.4	98935	58.1	1857.6	116.3	122.0
2017	28	2.8	259.2	24448	48.1	1537.1	26.7	64.6
2017	29	1.1	63.3	3181	55.5	1686.6	6.0	37.6
2017	30	1.2	71.1	8575	61.0	1955.6	15.3	22.8
2017	31	1.6	335.0	14260	51.9	1599.3	32.5	80.4
2018	1	51.3	819.3	211212	87.1	3999.4	397.9	245.4
2018	2	11.1	260.0	99038	84.0	3186.6	115.3	52.9
2018	3	19.3	550.3	83785	57.3	1734.5	380.1	115.2
2018	4	3.7	425.8	27106	59.9	1940.0	94.1	92.9
2018	5	1.9	272.4	16426	65.5	2245.4	44.4	109.3
2018	6	11.8	501.6	65686	70.3	2708.0	160.6	71.6
2018	7	4.2	279.3	27034	60.9	2193.4	72.6	70.2

159

2018	8	3.1	392.7	34582	63.5	2030.3	93.7	46.2
2018	9	38.3	640.7	150233	89.1	5049.4	820.6	186.5
2018	10	105.1	1472.6	600306	71.2	2582.6	1050.2	197.2
2018	11	53.0	1013.5	455590	70.0	3031.3	2326.2	174.6
2018	12	24.5	592.3	207428	55.7	1810.4	316.8	79.8
2018	13	44.6	705.4	166610	67.0	2194.0	499.0	84.7
2018	14	22.0	435.7	86001	57.3	1813.0	176.6	79.1
2018	15	65.7	1129.0	231585	61.5	2174.4	528.4	153.5
2018	16	48.6	967.3	154381	52.2	1769.1	436.7	103.0
2018	17	27.9	653.3	124535	61.0	2187.5	345.2	113.2
2018	18	45.6	546.3	94503	56.1	2786.2	248.2	134.5
2018	19	178.8	1994.1	793819	71.8	2750.9	3215.8	321.8
2018	20	12.9	386.8	44224	51.8	1798.9	126.8	63.6
2018	21	2.4	99.6	6451	59.1	2185.5	21.8	47.4
2018	22	13.1	391.2	72121	66.6	2087.8	134.8	49.3
2018	23	25.9	780.6	152987	53.5	1599.7	348.5	154.9
2018	24	6.5	308.5	44508	49.5	1660.0	63.1	60.8
2018	25	8.4	427.0	36515	47.4	1772.7	90.4	72.2
2018	26	0.2	36.9	1469	33.8	609.3	4.2	46.0
2018	27	9.2	493.2	76512	59.7	2008.8	138.9	126.1
2018	28	2.7	246.7	27882	49.7	1710.3	31.1	72.5
2018	29	1.0	62.7	4439	57.3	1655.6	7.2	35.5
2018	30	1.1	68.0	9860	62.2	2139.5	17.8	23.3
2018	31	1.7	305.2	14647	54.0	1762.5	38.0	73.4
2019	1	54.2	791.3	226113	87.4	4310.9	460.1	279.3
2019	2	7.8	269.4	96045	84.3	3584.4	148.8	46.4
2019	3	15.3	576.0	101274	58.8	1984.1	557.4	158.0
2019	4	3.7	441.1	31705	61.3	2136.2	116.4	112.2
2019	5	1.7	280.9	21069	66.5	2407.7	50.4	119.3
2019	6	12.2	499.9	69732	71.2	2929.3	202.7	86.0
2019	7	2.6	277.3	31052	61.6	2436.6	94.6	71.8
2019	8	2.8	349.6	37313	64.6	2444.9	114.7	54.7
2019	9	39.0	716.1	173586	89.2	5495.1	770.0	179.9

2019	10	97.7	1332.3	594249	72.5	2946.4	1426.9	264.5
2019	11	56.7	987.3	435883	71.6	3624.0	3177.7	203.3
2019	12	23.7	581.0	166871	57.0	2132.8	440.8	88.0
2019	13	45.7	639.6	153133	67.9	2509.0	646.0	104.0
2019	14	26.9	451.7	91474	59.1	2094.2	230.2	87.6
2019	15	39.8	1072.0	263211	61.9	2409.7	718.0	189.5
2019	16	34.6	968.0	144010	54.0	2016.8	590.5	127.9
2019	17	43.3	653.8	141321	61.8	2459.6	458.5	148.5
2019	18	42.1	596.7	106113	57.5	3017.4	321.8	144.8
2019	19	166.9	2064.6	807700	72.7	3244.4	4403.4	350.3
2019	20	9.1	404.1	41900	53.0	2007.0	159.4	76.3
2019	21	2.4	102.2	9302	59.4	2413.4	25.4	56.3
2019	22	14.8	374.4	67271	68.2	2312.2	166.3	55.2
2019	23	25.3	788.9	131529	55.4	1813.5	447.8	196.5
2019	24	5.2	321.1	44328	51.5	1865.6	76.1	68.8
2019	25	7.9	367.5	35212	48.7	1950.0	118.3	77.9
2019	26	0.3	44.8	2304	34.5	690.3	4.8	57.6
2019	27	12.6	501.3	92087	61.3	2243.4	193.1	127.6
2019	28	2.2	253.0	27637	50.7	1843.5	38.6	84.9
2019	29	0.5	67.0	5017	58.8	1731.8	8.1	42.4
2019	30	1.0	70.0	9275	63.6	2352.4	20.0	25.9
2019	31	1.6	318.8	14771	55.5	1876.1	43.0	92.1
2020	1	56.0	739.9	254165	87.6	2766.0	480.2	225.1
2020	2	6.8	255.3	111514	84.7	2253.7	194.6	34.0
2020	3	13.4	561.2	125608	60.1	1799.1	853.7	163.7
2020	4	3.7	442.6	40302	62.5	1608.4	150.7	112.3
2020	5	1.7	270.6	26224	67.5	1835.9	63.7	123.6
2020	6	12.0	476.8	86527	72.1	1950.8	278.3	89.7
2020	7	2.3	257.8	34438	62.6	1742.0	122.2	71.9
2020	8	2.5	316.4	43252	65.6	1602.9	143.3	58.4
2020	9	40.7	645.6	210293	89.3	3662.9	848.1	161.3
2020	10	106.3	1342.5	719452	73.4	2298.2	1699.5	311.7
2020	11	58.0	1025.8	507050	72.2	2889.4	4310.9	229.6

2020	12	22.5	565.6	202298	58.3	1855.3	608.4	97.1
2020	13	43.3	605.9	174867	68.8	1895.9	856.5	112.9
2020	14	26.3	451.5	109738	60.4	1879.0	311.3	120.4
2020	15	37.6	1098.3	337280	63.1	2373.7	993.7	170.1
2020	16	33.5	964.9	178585	55.4	1685.4	829.7	140.9
2020	17	36.6	631.2	163613	62.9	1755.9	471.8	146.5
2020	18	39.1	604.9	128573	58.8	2587.3	429.2	139.9
2020	19	160.4	2085.3	967204	74.2	2442.9	5807.8	417.2
2020	20	8.4	410.4	51712	54.2	1766.2	215.3	109.5
2020	21	2.6	108.5	14360	60.3	1880.5	31.3	53.2
2020	22	15.1	370.8	83826	69.5	2120.9	202.1	64.9
2020	23	28.9	861.8	160036	56.7	1650.5	537.7	229.3
2020	24	5.0	335.3	49200	53.2	1636.7	85.5	72.8
2020	25	7.5	358.2	45153	50.1	1835.8	158.1	93.1
2020	26	0.3	41.7	2296	35.7	550.9	5.0	59.4
2020	27	12.4	489.6	99236	62.7	1756.6	236.8	140.6
2020	28	2.0	262.2	30732	52.2	1728.6	47.1	88.4
2020	29	0.6	66.4	6736	60.1	1521.3	9.6	45.9
2020	30	1.0	69.1	12172	65.0	1760.6	25.0	29.4
2020	31	1.7	323.0	18843	56.5	1488.4	46.0	82.5

주: EMP1, EMP2, URB, CON, TEL, EXP는 중국 지역별 문화산업의 취업자 수, 총 취업자 수, 도시화수준, 체신업무량, 문화산업에 대한 재정지출을 각각 뜻함.

〈부표 4〉 문화상품의 수출 결정요인에 관한 자료

단위: 억 달러, 달러, %, 천 미터

year	지역코드	EXP	GDP	GDPPC	NTT	RND	CD	GD
2001	1	17.82	8904	45942	104	1.66	3.94	9018
2001	2	16.70	10618	34227	100	2.03	3.17	10459
2001	3	18.13	28820	34997	100	2.40	2.99	7363
2001	4	18.64	23582	39348	100	1.60	3.44	2098
2001	5	17.21	40021	31476	101	2.97	2.40	956
2001	6	16.61	8375	17681	93	2.28	5.16	7831
2001	7	18.77	6590	41071	101	1.80	3.67	8151
2001	8	19.47	138754	48691	103	2.65	3.71	11159
2002	1	17.94	9261	47200	106	1.75	3.94	9018
2002	2	16.77	10981	35016	95	1.98	3.17	10459
2002	3	17.98	28763	34869	101	2.44	2.99	7363
2002	4	18.74	24083	40036	101	1.61	3.44	2098
2002	5	17.54	40038	31416	101	3.01	2.40	956
2002	6	16.79	9022	18937	92	2.21	5.16	7831
2002	7	18.60	6605	40898	99	1.75	3.67	8151
2002	8	19.95	141170	49081	104	2.56	3.71	11159
2003	1	18.11	9549	48014	106	1.80	3.94	9018
2003	2	17.02	11399	36024	101	1.97	3.17	10459
2003	3	18.06	28562	34606	102	2.47	2.99	7363
2003	4	18.95	24812	41173	102	1.58	3.44	2098
2003	5	17.55	40653	31830	98	3.04	2.40	956
2003	6	16.77	9306	19432	89	2.28	5.16	7831
2003	7	18.47	6615	40769	99	1.78	3.67	8151
2003	8	20.38	145210	50054	103	2.56	3.71	11159
2004	1	18.39	9951	49385	116	1.85	3.94	9018
2004	2	17.43	11846	37086	107	2.00	3.17	10459
2004	3	18.09	28897	35020	100	2.44	2.99	7363
2004	4	18.98	25397	41876	103	1.53	3.44	2098
2004	5	17.71	41542	32515	92	3.03	2.40	956

2004	6	17.23	9790	20361	85	2.44	5.16	7831
2004	7	18.79	6746	41434	99	1.79	3.67	8151
2004	8	20.63	150726	51476	101	2.50	3.71	11159
2005	1	17.99	10265	50299	131	2.02	3.94	9018
2005	2	17.55	12437	38573	112	1.98	3.17	10459
2005	3	18.30	29109	35296	97	2.44	2.99	7363
2005	4	19.12	26055	42819	105	1.55	3.44	2098
2005	5	18.09	42291	33099	83	3.18	2.40	956
2005	6	17.37	10212	21193	77	2.52	5.16	7831
2005	7	19.01	6885	42185	96	1.77	3.67	8151
2005	8	20.65	156021	52796	97	2.52	3.71	11159
2006	1	18.09	10545	50948	145	2.19	3.94	9018
2006	2	17.63	12956	39776	112	1.95	3.17	10459
2006	3	18.53	30220	36685	95	2.47	2.99	7363
2006	4	19.20	26729	43650	104	1.57	3.44	2098
2006	5	18.33	42871	33532	75	3.28	2.40	956
2006	6	17.65	10750	22192	70	2.72	5.16	7831
2006	7	19.09	7123	43575	96	1.74	3.67	8151
2006	8	20.64	160476	53782	96	2.56	3.71	11159
2007	1	18.36	10943	52577	152	2.29	3.94	9018
2007	2	17.93	13845	42097	116	1.91	3.17	10459
2007	3	18.85	31119	37827	95	2.46	2.99	7363
2007	4	19.38	27335	44334	104	1.61	3.44	2098
2007	5	18.72	43508	33990	72	3.34	2.40	956
2007	6	18.13	11373	23361	66	2.87	5.16	7831
2007	7	19.41	7392	45121	96	1.67	3.67	8151
2007	8	20.80	163486	54273	97	2.63	3.71	11159
2008	1	18.60	11334	53419	174	2.40	3.94	9018
2008	2	18.23	13985	42064	121	1.86	3.17	10459
2008	3	19.05	31418	38263	93	2.62	2.99	7363
2008	4	19.41	27270	43864	104	1.61	3.44	2098
2008	5	18.86	42975	33558	62	3.34	2.40	956

2008	6	18.56	11716	23883	59	2.99	5.16	7831
2008	7	19.58	7552	45921	94	1.62	3.67	8151
2008	8	21.03	163263	53688	92	2.77	3.71	11159
2009	1	18.50	11546	53342	163	2.39	3.94	9018
2009	2	18.06	13575	40368	106	1.92	3.17	10459
2009	3	19.01	29629	36176	98	2.74	2.99	7363
2009	4	19.24	26112	41742	103	1.67	3.44	2098
2009	5	18.78	40528	31651	74	3.23	2.40	956
2009	6	18.47	11808	23948	61	3.15	5.16	7831
2009	7	19.48	7275	44010	95	1.67	3.67	8151
2009	8	20.81	159121	51870	99	2.81	3.71	11159
2010	1	18.75	11796	53605	179	2.38	3.94	9018
2010	2	18.21	13995	41155	115	1.83	3.17	10459
2010	3	19.33	30867	37746	96	2.73	2.99	7363
2010	4	19.41	26668	42275	103	1.65	3.44	2098
2010	5	19.08	42189	32942	68	3.14	2.40	956
2010	6	18.95	12612	25451	57	3.32	5.16	7831
2010	7	19.62	7373	44373	92	1.70	3.67	8151
2010	8	21.03	163201	52760	97	2.74	3.71	11159
2011	1	18.94	12088	54167	200	2.24	3.94	9018
2011	2	18.42	14435	42037	118	1.79	3.17	10459
2011	3	19.45	32079	39961	93	2.81	2.99	7363
2011	4	19.78	27057	42481	101	1.65	3.44	2098
2011	5	19.25	42199	33011	62	3.24	2.40	956
2011	6	19.22	13077	26187	51	3.59	5.16	7831
2011	7	19.78	7487	44851	92	1.88	3.67	8151
2011	8	21.12	165732	53190	95	2.77	3.71	11159
2012	1	19.05	12561	55315	182	2.21	3.94	9018
2012	2	18.54	14690	42316	115	1.77	3.17	10459
2012	3	19.48	32213	40053	93	2.88	2.99	7363
2012	4	20.16	27455	42790	100	1.58	3.44	2098
2012	5	19.25	42779	33518	60	3.21	2.40	956

2012	6	19.06	13391	26675	50	3.85	5.16	7831
2012	7	19.87	7410	44225	91	1.92	3.67	8151
2012	8	21.16	169460	53989	95	2.68	3.71	11159
2013	1	19.07	12888	55777	177	2.18	3.94	9018
2013	2	18.64	15032	42846	116	1.71	3.17	10459
2013	3	19.43	32354	40119	94	2.84	2.99	7363
2013	4	20.50	27973	43434	102	1.62	3.44	2098
2013	5	19.29	43637	34240	59	3.31	2.40	956
2013	6	18.94	13815	27395	52	3.95	5.16	7831
2013	7	19.87	7400	44038	92	1.93	3.67	8151
2013	8	21.24	172582	54604	95	2.71	3.71	11159
2014	1	19.07	13218	56343	165	2.05	3.94	9018
2014	2	18.47	15463	43635	115	1.71	3.17	10459
2014	3	19.45	33069	40835	97	2.88	2.99	7363
2014	4	20.03	28810	44350	100	1.64	3.44	2098
2014	5	19.39	43766	34387	58	3.40	2.40	956
2014	6	18.93	14257	28095	53	4.08	5.16	7831
2014	7	19.99	7506	44504	93	1.98	3.67	8151
2014	8	21.24	176941	55574	96	2.72	3.71	11159
2015	1	19.06	13505	56756	148	1.92	3.94	9018
2015	2	18.46	15565	43596	103	1.69	3.17	10459
2015	3	19.43	33562	41087	100	2.93	2.99	7363
2015	4	19.49	29566	45039	97	1.65	3.44	2098
2015	5	19.37	44449	34961	67	3.28	2.40	956
2015	6	18.88	14658	28732	59	3.98	5.16	7831
2015	7	20.05	7653	45175	94	1.98	3.67	8151
2015	8	21.33	182383	56863	100	2.72	3.71	11159
2016	1	19.00	13876	57424	148	1.90	3.94	9018
2016	2	18.35	15721	43537	102	1.73	3.17	10459
2016	3	19.29	34311	41665	102	2.94	2.99	7363
2016	4	19.50	30235	45469	99	1.66	3.44	2098
2016	5	19.30	44784	35265	72	3.16	2.40	956

2016	6	18.54	15090	29462	60	3.99	5.16	7831
2016	7	19.92	7820	45920	94	2.00	3.67	8151
2016	8	21.27	185504	57419	100	2.76	3.71	11159
2017	1	18.91	14194	57764	172	1.87	3.94	9018
2017	2	18.51	16199	44325	106	1.67	3.17	10459
2017	3	19.33	35230	42622	100	3.07	2.99	7363
2017	4	19.37	30880	45947	100	1.68	3.44	2098
2017	5	19.33	45535	35915	69	3.21	2.40	956
2017	6	18.41	15566	30307	59	4.29	5.16	7831
2017	7	19.89	8048	46978	93	1.98	3.67	8151
2017	8	21.32	189832	58388	100	2.82	3.71	11159
2018	1	18.90	14602	58561	176	1.90	3.94	9018
2018	2	18.58	16592	44766	108	1.56	3.17	10459
2018	3	19.47	35613	42956	99	3.13	2.99	7363
2018	4	19.50	31390	46242	99	1.70	3.44	2098
2018	5	19.36	45789	36189	65	3.28	2.40	956
2018	6	18.61	16019	31041	56	4.53	5.16	7831
2018	7	19.89	8238	47808	94	2.16	3.67	8151
2018	8	21.43	195520	59822	100	2.83	3.71	11159

주: 1) EXP, GDP, GDPPC, NTT, CD, GD는 각각 중국 문화상품 수출액, 실질 국내 총 생산액, 1인당 실질 국내 총 생산액, 무역조건, 문화적 거리, 지리적 거리를 나타냄.
2) 이 중에서 실질 국내 총 생산액과 1인당 실질 국내 총 생산액은 2005년 불변 가격 기준이고 무역조건은 2000년을 100으로 한 누적지수임.

〈부표 5〉 생산성 추정결과표: 중국 문화산업의 31개 성 · 시 · 자치구의 지역별 생산성

year	기업코드	EI	TI	PI	SI	MPI	d(t-1)	d(t)	d(t+1)	vrs
2007	1	1.000	1.000	1.000	1.000	1.000	0.000	0.158	0.534	0.235
2007	2	1.000	1.000	1.000	1.000	1.000	0.000	0.227	0.819	0.472
2007	3	1.000	1.000	1.000	1.000	1.000	0.000	0.146	0.495	0.159
2007	4	1.000	1.000	1.000	1.000	1.000	0.000	0.168	0.570	0.195
2007	5	1.000	1.000	1.000	1.000	1.000	0.000	0.217	0.734	0.298
2007	6	1.000	1.000	1.000	1.000	1.000	0.000	1.000	4.159	1.000
2007	7	1.000	1.000	1.000	1.000	1.000	0.000	0.126	0.475	0.142
2007	8	1.000	1.000	1.000	1.000	1.000	0.000	0.152	0.513	0.232
2007	9	1.000	1.000	1.000	1.000	1.000	0.000	0.514	0.959	1.000
2007	10	1.000	1.000	1.000	1.000	1.000	0.000	0.199	0.767	0.265
2007	11	1.000	1.000	1.000	1.000	1.000	0.000	0.260	0.985	0.514
2007	12	1.000	1.000	1.000	1.000	1.000	0.000	0.602	1.124	0.768
2007	13	1.000	1.000	1.000	1.000	1.000	0.000	0.217	0.880	0.456
2007	14	1.000	1.000	1.000	1.000	1.000	0.000	0.200	0.676	0.254
2007	15	1.000	1.000	1.000	1.000	1.000	0.000	0.259	0.991	0.413
2007	16	1.000	1.000	1.000	1.000	1.000	0.000	0.159	0.538	0.176
2007	17	1.000	1.000	1.000	1.000	1.000	0.000	0.200	0.676	0.201
2007	18	1.000	1.000	1.000	1.000	1.000	0.000	0.159	0.537	0.164
2007	19	1.000	1.000	1.000	1.000	1.000	0.000	0.154	0.522	0.302
2007	20	1.000	1.000	1.000	1.000	1.000	0.000	0.201	0.679	0.212
2007	21	1.000	1.000	1.000	1.000	1.000	0.000	0.193	0.779	0.339
2007	22	1.000	1.000	1.000	1.000	1.000	0.000	0.169	0.698	0.222
2007	23	1.000	1.000	1.000	1.000	1.000	0.000	0.129	0.527	0.174
2007	24	1.000	1.000	1.000	1.000	1.000	0.000	0.204	0.692	0.216
2007	25	1.000	1.000	1.000	1.000	1.000	0.000	0.202	0.684	0.443
2007	26	1.000	1.000	1.000	1.000	1.000	0.000	0.491	1.662	1.000
2007	27	1.000	1.000	1.000	1.000	1.000	0.000	0.184	0.663	0.313
2007	28	1.000	1.000	1.000	1.000	1.000	0.000	0.120	0.407	0.126
2007	29	1.000	1.000	1.000	1.000	1.000	0.000	0.128	0.433	0.179
2007	30	1.000	1.000	1.000	1.000	1.000	0.000	0.200	0.678	0.206
2007	31	1.000	1.000	1.000	1.000	1.000	0.000	0.144	0.487	1.000

2008	1	2.085	0.295	1.676	1.244	0.615	0.097	0.329	0.362	0.394
2008	2	2.404	0.273	1.259	1.909	0.656	0.147	0.544	0.430	0.595
2008	3	2.901	0.295	2.779	1.044	0.857	0.125	0.424	0.469	0.443
2008	4	2.497	0.295	2.316	1.078	0.737	0.124	0.420	0.465	0.452
2008	5	2.622	0.295	2.326	1.127	0.775	0.168	0.569	0.629	0.692
2008	6	1.000	0.266	1.000	1.000	0.266	0.295	1.000	1.106	1.000
2008	7	3.892	0.273	3.507	1.110	1.061	0.137	0.492	0.514	0.497
2008	8	3.661	0.295	3.379	1.083	1.081	0.164	0.555	0.614	0.785
2008	9	1.945	0.536	1.000	1.945	1.042	0.536	1.000	1.056	1.000
2008	10	3.398	0.260	2.561	1.327	0.882	0.176	0.676	0.556	0.678
2008	11	2.662	0.263	1.438	1.852	0.701	0.182	0.692	0.562	0.739
2008	12	0.457	0.536	0.625	0.731	0.245	0.148	0.275	0.291	0.480
2008	13	4.137	0.244	2.193	1.886	1.011	0.217	0.897	0.802	1.000
2008	14	2.733	0.295	2.415	1.132	0.807	0.161	0.546	0.604	0.613
2008	15	3.781	0.261	2.420	1.563	0.986	0.255	0.981	0.806	1.000
2008	16	3.996	0.295	3.793	1.053	1.180	0.188	0.635	0.702	0.668
2008	17	3.603	0.295	3.599	1.001	1.064	0.213	0.719	0.796	0.724
2008	18	5.021	0.295	4.993	1.006	1.483	0.235	0.797	0.881	0.820
2008	19	4.249	0.295	2.894	1.468	1.255	0.193	0.655	0.724	0.873
2008	20	3.345	0.295	3.315	1.009	0.988	0.198	0.671	0.742	0.702
2008	21	2.451	0.252	1.553	1.578	0.618	0.121	0.473	0.454	0.526
2008	22	3.805	0.262	3.178	1.197	0.999	0.183	0.644	0.685	0.705
2008	23	3.874	0.244	2.879	1.345	0.945	0.122	0.498	0.442	0.501
2008	24	3.710	0.295	3.677	1.009	1.096	0.224	0.758	0.839	0.793
2008	25	2.549	0.295	1.478	1.725	0.753	0.152	0.515	0.569	0.654
2008	26	1.169	0.295	1.000	1.169	0.345	0.170	0.574	0.635	1.000
2008	27	2.817	0.285	2.069	1.361	0.801	0.151	0.519	0.566	0.649
2008	28	3.661	0.295	3.632	1.008	1.081	0.130	0.441	0.487	0.458
2008	29	3.832	0.295	3.984	0.962	1.132	0.145	0.491	0.542	0.713
2008	30	3.137	0.295	3.092	1.014	0.927	0.185	0.628	0.694	0.637
2008	31	3.168	0.295	1.000	3.168	0.936	0.135	0.456	0.504	1.000
2009	1	0.882	0.906	0.793	1.111	0.799	0.262	0.290	0.407	0.312
2009	2	0.757	1.228	0.849	0.891	0.929	0.491	0.412	0.436	0.505

169

2009	3	0.806	0.938	0.843	0.956	0.756	0.332	0.342	0.480	0.373
2009	4	0.786	1.003	0.760	1.033	0.788	0.368	0.330	0.452	0.344
2009	5	0.654	1.022	1.444	0.453	0.668	0.430	0.372	0.439	1.000
2009	6	0.677	1.002	0.703	0.964	0.679	0.752	0.677	0.936	0.703
2009	7	0.867	1.043	1.453	0.597	0.905	0.486	0.426	0.529	0.722
2009	8	0.752	0.935	0.946	0.795	0.703	0.404	0.418	0.587	0.742
2009	9	1.000	1.200	1.000	1.000	1.200	1.521	1.000	0.770	1.000
2009	10	0.654	1.207	0.690	0.948	0.789	0.529	0.442	0.462	0.468
2009	11	0.687	1.199	0.793	0.866	0.823	0.555	0.475	0.538	0.585
2009	12	1.579	1.045	0.973	1.623	1.650	0.502	0.435	0.513	0.467
2009	13	0.678	1.146	0.758	0.894	0.777	0.714	0.609	0.676	0.758
2009	14	0.826	1.003	0.743	1.112	0.829	0.502	0.451	0.619	0.455
2009	15	1.020	1.160	1.000	1.020	1.183	1.107	1.000	1.405	1.000
2009	16	0.683	0.949	0.681	1.003	0.648	0.432	0.433	0.609	0.455
2009	17	0.561	1.003	0.603	0.929	0.562	0.449	0.403	0.552	0.437
2009	18	0.538	0.952	0.563	0.956	0.513	0.430	0.429	0.603	0.462
2009	19	0.723	0.904	0.750	0.964	0.654	0.428	0.473	0.665	0.655
2009	20	0.614	0.904	0.614	1.001	0.555	0.373	0.412	0.579	0.431
2009	21	0.910	1.001	0.882	1.031	0.910	0.413	0.430	0.604	0.464
2009	22	0.773	1.013	0.746	1.037	0.784	0.544	0.498	0.700	0.526
2009	23	0.669	1.129	0.687	0.973	0.754	0.376	0.333	0.429	0.344
2009	24	0.586	0.944	0.562	1.042	0.553	0.438	0.444	0.624	0.446
2009	25	0.570	0.925	0.699	0.815	0.527	0.278	0.294	0.412	0.458
2009	26	0.446	0.904	0.489	0.912	0.403	0.231	0.256	0.360	0.489
2009	27	0.690	1.028	0.661	1.044	0.710	0.413	0.358	0.425	0.429
2009	28	0.492	1.012	0.504	0.977	0.498	0.246	0.217	0.275	0.231
2009	29	0.474	0.904	0.412	1.149	0.428	0.210	0.232	0.326	0.294
2009	30	0.627	1.002	0.648	0.967	0.628	0.437	0.394	0.545	0.413
2009	31	0.718	0.904	1.000	0.718	0.649	0.296	0.327	0.459	1.000
2010	1	1.643	0.813	1.568	1.048	1.335	0.442	0.476	0.517	0.490
2010	2	1.263	0.982	1.053	1.200	1.240	0.531	0.520	0.565	0.532
2010	3	1.759	0.712	1.892	0.930	1.253	0.428	0.601	0.652	0.706
2010	4	1.857	0.729	1.985	0.936	1.354	0.447	0.613	0.666	0.683

2010	5	1.943	0.858	1.000	1.943	1.668	0.629	0.723	0.785	1.000
2010	6	0.832	0.753	0.902	0.922	0.626	0.441	0.564	0.612	0.634
2010	7	1.689	0.821	1.180	1.431	1.387	0.603	0.720	0.781	0.852
2010	8	1.793	0.712	1.347	1.332	1.277	0.533	0.749	0.813	1.000
2010	9	1.000	1.382	1.000	1.000	1.382	1.472	1.000	1.085	1.000
2010	10	1.656	0.967	1.670	0.991	1.602	0.716	0.732	0.795	0.781
2010	11	1.707	0.896	1.431	1.193	1.530	0.738	0.812	0.881	0.838
2010	12	2.140	0.818	2.141	1.000	1.750	0.734	0.930	1.009	1.000
2010	13	1.397	0.898	1.152	1.213	1.255	0.762	0.850	0.923	0.874
2010	14	1.797	0.731	1.949	0.922	1.313	0.594	0.811	0.880	0.888
2010	15	0.669	0.724	0.754	0.887	0.484	0.492	0.669	0.726	0.754
2010	16	1.555	0.717	1.591	0.977	1.114	0.486	0.674	0.731	0.724
2010	17	1.733	0.750	1.718	1.009	1.300	0.538	0.699	0.758	0.750
2010	18	1.804	0.712	1.814	0.995	1.284	0.551	0.774	0.840	0.838
2010	19	1.629	0.741	1.211	1.346	1.207	0.594	0.771	0.836	0.793
2010	20	2.121	0.712	2.321	0.914	1.510	0.622	0.874	0.949	1.000
2010	21	1.785	0.717	1.740	1.026	1.280	0.554	0.767	0.833	0.807
2010	22	1.426	0.713	1.498	0.952	1.017	0.508	0.710	0.771	0.787
2010	23	2.499	0.795	2.610	0.958	1.986	0.677	0.833	0.904	0.899
2010	24	1.721	0.718	1.911	0.901	1.235	0.553	0.765	0.830	0.853
2010	25	2.085	0.712	1.578	1.322	1.485	0.436	0.612	0.664	0.722
2010	26	2.082	0.712	1.341	1.553	1.483	0.379	0.533	0.578	0.656
2010	27	1.751	0.874	1.523	1.150	1.531	0.568	0.627	0.681	0.653
2010	28	3.168	0.767	3.183	0.995	2.429	0.512	0.687	0.745	0.734
2010	29	3.369	0.712	3.362	1.002	2.398	0.557	0.783	0.850	0.989
2010	30	1.931	0.717	2.151	0.898	1.385	0.541	0.760	0.825	0.888
2010	31	1.714	0.724	1.000	1.714	1.240	0.412	0.560	0.608	1.000
2011	1	1.250	0.922	1.216	1.027	1.151	0.548	0.595	0.595	0.596
2011	2	1.174	1.013	1.236	0.950	1.189	0.680	0.611	0.638	0.657
2011	3	1.099	0.922	1.057	1.040	1.013	0.609	0.660	0.661	0.746
2011	4	1.120	0.922	1.065	1.052	1.032	0.633	0.687	0.687	0.727
2011	5	0.885	0.922	0.963	0.919	0.816	0.590	0.640	0.650	0.963
2011	6	1.042	0.922	1.039	1.003	0.960	0.541	0.587	0.587	0.659

2011	7	0.958	0.922	0.920	1.042	0.883	0.636	0.690	0.690	0.784
2011	8	1.033	0.922	1.000	1.033	0.952	0.713	0.774	0.774	1.000
2011	9	1.000	1.047	1.000	1.000	1.047	1.190	1.000	1.072	1.000
2011	10	0.922	0.922	0.899	1.026	0.850	0.623	0.676	0.686	0.702
2011	11	1.035	0.922	1.004	1.031	0.954	0.774	0.840	0.841	0.841
2011	12	0.789	0.922	0.755	1.046	0.727	0.677	0.734	0.734	0.755
2011	13	1.095	0.922	1.066	1.027	1.009	0.858	0.931	0.931	0.931
2011	14	0.917	0.922	0.903	1.016	0.845	0.686	0.744	0.744	0.801
2011	15	1.113	0.922	1.079	1.032	1.026	0.687	0.745	0.745	0.814
2011	16	0.963	0.922	0.909	1.060	0.888	0.598	0.649	0.649	0.658
2011	17	1.089	0.922	1.065	1.023	1.003	0.701	0.761	0.761	0.798
2011	18	0.905	0.922	0.853	1.060	0.834	0.646	0.701	0.701	0.715
2011	19	0.970	1.047	1.022	0.950	1.016	0.890	0.748	0.764	0.810
2011	20	1.142	0.922	1.000	1.142	1.052	0.920	0.998	0.998	1.000
2011	21	1.142	0.922	1.087	1.051	1.053	0.808	0.877	0.877	0.877
2011	22	1.119	0.922	1.056	1.061	1.032	0.733	0.795	0.795	0.831
2011	23	0.935	0.922	0.903	1.035	0.862	0.718	0.779	0.783	0.812
2011	24	0.980	0.922	0.897	1.092	0.903	0.691	0.750	0.750	0.765
2011	25	0.822	0.922	0.733	1.122	0.757	0.464	0.503	0.503	0.529
2011	26	0.844	0.922	0.768	1.099	0.778	0.415	0.450	0.450	0.503
2011	27	1.169	0.922	1.123	1.040	1.077	0.676	0.733	0.733	0.734
2011	28	0.993	0.922	0.963	1.032	0.916	0.629	0.682	0.682	0.707
2011	29	1.142	0.922	1.011	1.129	1.052	0.824	0.894	0.894	1.000
2011	30	1.074	0.922	0.991	1.084	0.990	0.752	0.817	0.817	0.880
2011	31	0.902	0.922	0.556	1.623	0.832	0.466	0.506	0.508	0.556
2012	1	0.647	0.981	0.692	0.935	0.635	0.371	0.385	0.321	0.412
2012	2	0.929	0.962	0.864	1.075	0.894	0.549	0.567	0.428	0.568
2012	3	0.867	0.998	0.819	1.059	0.866	0.571	0.572	0.239	0.611
2012	4	0.876	1.000	0.854	1.026	0.876	0.602	0.602	0.219	0.621
2012	5	1.028	0.992	0.776	1.325	1.020	0.658	0.658	0.238	0.747
2012	6	0.818	0.996	0.827	0.989	0.815	0.477	0.480	0.213	0.545
2012	7	0.594	0.994	0.659	0.902	0.590	0.405	0.410	0.196	0.516
2012	8	0.888	1.000	1.000	0.888	0.888	0.687	0.687	0.187	1.000

2012	9	1.000	0.945	1.000	1.000	0.945	0.957	1.000	1.035	1.000
2012	10	0.924	0.981	0.941	0.983	0.907	0.611	0.625	0.362	0.661
2012	11	0.973	0.994	0.980	0.993	0.967	0.809	0.818	0.385	0.824
2012	12	0.833	1.000	0.836	0.996	0.833	0.611	0.611	0.234	0.631
2012	13	0.944	0.995	0.958	0.985	0.940	0.871	0.879	0.402	0.893
2012	14	0.495	0.981	0.580	0.854	0.486	0.354	0.369	0.399	0.465
2012	15	0.820	1.000	0.848	0.967	0.820	0.611	0.611	0.203	0.690
2012	16	0.895	1.000	0.924	0.969	0.895	0.581	0.581	0.210	0.608
2012	17	0.902	1.000	0.919	0.982	0.902	0.686	0.686	0.225	0.733
2012	18	0.805	0.995	0.859	0.938	0.801	0.558	0.564	0.264	0.614
2012	19	1.337	1.032	1.235	1.083	1.380	1.088	1.000	1.225	1.000
2012	20	0.761	1.000	0.884	0.861	0.761	0.760	0.760	0.205	0.884
2012	21	1.141	1.000	1.140	1.001	1.141	1.000	1.000	0.402	1.000
2012	22	0.834	0.998	0.833	1.001	0.833	0.661	0.663	0.276	0.692
2012	23	0.832	0.997	0.801	1.039	0.830	0.648	0.648	0.247	0.650
2012	24	1.070	1.000	1.094	0.978	1.069	0.802	0.802	0.274	0.837
2012	25	1.174	1.000	1.213	0.968	1.174	0.591	0.591	0.172	0.642
2012	26	1.218	1.000	1.296	0.940	1.218	0.548	0.548	0.170	0.652
2012	27	0.866	1.000	0.874	0.992	0.866	0.635	0.635	0.243	0.641
2012	28	1.124	1.000	1.186	0.948	1.124	0.767	0.767	0.241	0.838
2012	29	0.839	1.000	0.826	1.015	0.839	0.750	0.750	0.202	0.826
2012	30	0.774	1.000	1.137	0.681	0.774	0.632	0.632	0.213	1.000
2012	31	0.812	0.989	0.942	0.862	0.803	0.403	0.411	0.222	0.524
2013	1	2.472	0.989	2.427	1.019	2.445	0.777	0.952	0.303	1.000
2013	2	0.283	1.946	0.556	0.509	0.551	0.458	0.161	0.069	0.316
2013	3	0.325	2.874	0.389	0.835	0.934	0.640	0.186	0.097	0.238
2013	4	1.662	3.195	1.611	1.031	5.309	3.715	1.000	0.562	1.000
2013	5	0.486	1.502	1.338	0.363	0.730	0.261	0.320	0.102	1.000
2013	6	0.483	2.229	0.576	0.837	1.076	0.511	0.232	0.084	0.314
2013	7	0.607	2.093	1.408	0.431	1.270	0.522	0.248	0.089	0.727
2013	8	0.282	3.455	1.000	0.282	0.974	0.628	0.194	0.095	1.000
2013	9	0.437	1.262	0.715	0.611	0.551	0.720	0.437	0.152	0.715
2013	10	0.563	1.933	0.548	1.027	1.088	0.761	0.351	0.127	0.362

2013	11	0.405	1.572	0.501	0.807	0.636	0.385	0.331	0.109	0.413
2013	12	0.538	2.040	0.521	1.032	1.097	0.524	0.329	0.114	0.329
2013	13	0.336	2.430	0.616	0.545	0.817	0.798	0.296	0.121	0.550
2013	14	0.676	1.602	0.618	1.094	1.083	0.693	0.249	0.105	0.288
2013	15	0.429	2.870	0.500	0.859	1.231	0.718	0.262	0.109	0.345
2013	16	0.384	2.967	0.372	1.032	1.139	0.711	0.223	0.108	0.226
2013	17	0.425	2.818	0.423	1.004	1.197	0.758	0.291	0.115	0.310
2013	18	0.409	2.590	0.495	0.827	1.061	0.724	0.231	0.110	0.304
2013	19	0.438	1.069	0.599	0.731	0.468	0.613	0.438	0.149	0.599
2013	20	0.253	3.600	0.230	1.100	0.911	0.671	0.192	0.101	0.203
2013	21	0.998	1.424	1.000	0.998	1.422	0.815	0.998	0.318	1.000
2013	22	0.423	2.675	0.412	1.028	1.132	0.837	0.281	0.127	0.285
2013	23	0.476	2.690	0.481	0.989	1.280	0.850	0.308	0.129	0.313
2013	24	0.334	2.786	0.345	0.967	0.930	0.710	0.268	0.107	0.289
2013	25	0.320	3.567	0.307	1.042	1.141	0.702	0.189	0.106	0.197
2013	26	0.967	1.877	0.826	1.171	1.815	0.579	0.530	0.172	0.539
2013	27	0.388	2.483	0.421	0.922	0.963	0.580	0.246	0.090	0.270
2013	28	0.378	2.499	0.356	1.061	0.944	0.568	0.290	0.103	0.299
2013	29	0.386	3.715	0.837	0.461	1.436	1.077	0.290	0.163	0.692
2013	30	0.410	2.971	0.281	1.458	1.219	0.773	0.259	0.117	0.281
2013	31	0.639	2.130	0.622	1.028	1.361	0.643	0.263	0.097	0.326
2014	1	0.419	3.140	0.590	0.709	1.315	1.252	0.399	0.000	0.590
2014	2	0.428	2.552	0.295	1.451	1.092	0.193	0.069	0.000	0.093
2014	3	0.381	2.242	0.359	1.062	0.854	0.185	0.071	0.000	0.085
2014	4	0.097	2.143	0.101	0.959	0.207	0.250	0.097	0.000	0.101
2014	5	0.376	3.139	0.299	1.259	1.181	0.378	0.120	0.000	0.299
2014	6	0.438	2.634	0.486	0.902	1.154	0.255	0.102	0.000	0.153
2014	7	0.383	2.766	0.279	1.375	1.059	0.262	0.095	0.000	0.202
2014	8	0.543	2.013	1.000	0.543	1.094	0.209	0.105	0.000	1.000
2014	9	0.312	3.002	0.304	1.027	0.937	0.428	0.136	0.000	0.217
2014	10	0.347	2.772	0.355	0.977	0.961	0.338	0.122	0.000	0.128
2014	11	0.344	2.981	0.416	0.827	1.027	0.332	0.114	0.000	0.172
2014	12	0.219	2.940	0.240	0.913	0.643	0.216	0.072	0.000	0.079

2014	13	2.293	2.376	1.817	1.262	5.448	1.563	0.678	0.000	1.000
2014	14	0.452	2.272	0.537	0.842	1.028	0.245	0.113	0.000	0.155
2014	15	0.381	2.162	0.541	0.705	0.824	0.193	0.100	0.000	0.186
2014	16	0.404	2.182	0.466	0.866	0.881	0.207	0.090	0.000	0.105
2014	17	0.515	2.600	0.525	0.981	1.339	0.399	0.150	0.000	0.163
2014	18	0.686	1.975	0.912	0.753	1.355	0.293	0.158	0.000	0.277
2014	19	0.200	2.844	0.198	1.013	0.570	0.241	0.088	0.000	0.119
2014	20	0.564	1.912	0.738	0.764	1.078	0.209	0.108	0.000	0.150
2014	21	0.120	2.953	0.178	0.677	0.355	0.333	0.120	0.000	0.178
2014	22	0.545	2.022	0.661	0.824	1.102	0.282	0.153	0.000	0.188
2014	23	0.382	2.568	0.409	0.936	0.982	0.324	0.118	0.000	0.128
2014	24	0.360	2.799	0.411	0.875	1.007	0.302	0.096	0.000	0.119
2014	25	0.523	2.219	0.607	0.862	1.161	0.274	0.099	0.000	0.120
2014	26	0.225	2.926	0.248	0.909	0.659	0.331	0.119	0.000	0.134
2014	27	0.427	2.643	0.398	1.074	1.130	0.268	0.105	0.000	0.107
2014	28	3.451	2.768	3.350	1.030	9.553	2.734	1.000	0.000	1.000
2014	29	0.429	1.951	0.285	1.508	0.838	0.266	0.124	0.000	0.197
2014	30	0.468	2.436	0.500	0.935	1.139	0.325	0.121	0.000	0.141
2014	31	3.809	2.912	3.071	1.240	11.093	3.140	1.000	0.000	1.000

주: 1) EI, PI, SI, TI 및 MPI는 각각 효율성 변화지수, 순수 효율성 변화지수, 규모의 효율
성 변화지수, 기술진보 변화지수 및 맘퀴스트 생산성 변화지수를 의미함.
2) d(t-1), d(t), d(t+1)은 각각 전년도, 해당년도, 한 해 앞 년도 기준의 생산가능곡선
(production possibilities frontier: PPF)를 이용한 추정 거리함수임. vrs는 수확가변
하에서의 거리함수임.

175

〈부표 6〉 생산성 추정결과표: 중국 문화제조업의 산업별 생산성

year	지역코드	EI	TI	PI	SI	MPI	d(t-1)	d(t)	D(t+1)	vrs
2013	1	1.000	1.000	1.000	1.000	1.000	0.000	0.461	0.351	0.483
2013	2	1.000	1.000	1.000	1.000	1.000	0.000	1.000	0.725	1.000
2013	3	1.000	1.000	1.000	1.000	1.000	0.000	0.822	0.644	0.874
2013	4	1.000	1.000	1.000	1.000	1.000	0.000	0.353	0.299	0.360
2013	5	1.000	1.000	1.000	1.000	1.000	0.000	1.000	0.966	1.000
2013	6	1.000	1.000	1.000	1.000	1.000	0.000	0.844	0.622	0.852
2013	7	1.000	1.000	1.000	1.000	1.000	0.000	0.676	0.491	0.733
2013	8	1.000	1.000	1.000	1.000	1.000	0.000	0.824	0.742	1.000
2013	9	1.000	1.000	1.000	1.000	1.000	0.000	0.859	0.607	0.863
2013	10	1.000	1.000	1.000	1.000	1.000	0.000	0.770	0.567	0.771
2013	11	1.000	1.000	1.000	1.000	1.000	0.000	0.499	0.353	0.523
2013	12	1.000	1.000	1.000	1.000	1.000	0.000	0.713	0.552	0.750
2013	13	1.000	1.000	1.000	1.000	1.000	0.000	0.788	0.727	0.810
2013	14	1.000	1.000	1.000	1.000	1.000	0.000	0.969	0.846	0.994
2013	15	1.000	1.000	1.000	1.000	1.000	0.000	0.883	0.626	0.890
2013	16	1.000	1.000	1.000	1.000	1.000	0.000	0.701	0.567	0.742
2013	17	1.000	1.000	1.000	1.000	1.000	0.000	0.799	0.610	0.826
2013	18	1.000	1.000	1.000	1.000	1.000	0.000	1.000	1.010	1.000
2013	19	1.000	1.000	1.000	1.000	1.000	0.000	0.713	0.630	0.831
2013	20	1.000	1.000	1.000	1.000	1.000	0.000	0.670	0.645	0.777
2013	21	1.000	1.000	1.000	1.000	1.000	0.000	0.746	0.721	1.000
2013	22	1.000	1.000	1.000	1.000	1.000	0.000	0.578	0.420	0.578
2013	23	1.000	1.000	1.000	1.000	1.000	0.000	0.629	0.493	0.927
2013	24	1.000	1.000	1.000	1.000	1.000	0.000	0.862	0.638	1.000
2013	25	1.000	1.000	1.000	1.000	1.000	0.000	0.557	0.414	0.561
2013	26	1.000	1.000	1.000	1.000	1.000	0.000	0.296	0.218	0.324
2013	27	1.000	1.000	1.000	1.000	1.000	0.000	0.614	0.468	0.619
2013	28	1.000	1.000	1.000	1.000	1.000	0.000	0.324	0.311	0.325
2013	29	1.000	1.000	1.000	1.000	1.000	0.000	0.353	0.341	0.720
2013	30	1.000	1.000	1.000	1.000	1.000	0.000	0.190	0.140	0.265
2013	31	1.000	1.000	1.000	1.000	1.000	0.000	0.491	0.369	0.552

2014	1	0.806	1.266	0.884	0.912	1.021	0.453	0.371	0.380	0.427
2014	2	0.731	1.402	0.991	0.738	1.025	1.042	0.731	0.907	0.991
2014	3	0.764	1.296	0.758	1.007	0.990	0.826	0.628	0.755	0.663
2014	4	0.786	1.208	0.798	0.985	0.950	0.343	0.278	0.325	0.287
2014	5	1.000	1.221	1.000	1.000	1.221	1.441	1.000	1.246	1.000
2014	6	0.621	1.391	0.719	0.864	0.863	0.747	0.524	0.650	0.612
2014	7	0.727	1.403	1.288	0.564	1.020	0.703	0.492	0.611	0.944
2014	8	1.016	1.131	1.000	1.016	1.150	0.965	0.838	0.948	1.000
2014	9	0.705	1.417	0.840	0.839	0.998	0.859	0.605	0.740	0.725
2014	10	0.732	1.370	0.871	0.840	1.003	0.779	0.564	0.692	0.672
2014	11	0.706	1.419	0.859	0.821	1.001	0.501	0.352	0.437	0.449
2014	12	0.770	1.308	0.772	0.997	1.007	0.727	0.549	0.662	0.578
2014	13	0.923	1.110	0.961	0.960	1.025	0.827	0.727	0.818	0.778
2014	14	0.881	1.165	0.889	0.991	1.027	1.012	0.854	0.979	0.884
2014	15	0.713	1.422	0.888	0.803	1.014	0.902	0.629	0.779	0.790
2014	16	0.816	1.248	0.792	1.031	1.018	0.720	0.572	0.674	0.588
2014	17	0.805	1.318	0.806	0.998	1.060	0.852	0.643	0.776	0.666
2014	18	0.909	1.008	0.994	0.914	0.917	0.934	0.909	0.995	0.994
2014	19	0.858	1.164	0.826	1.040	0.999	0.733	0.612	0.705	0.686
2014	20	0.970	1.035	0.872	1.113	1.005	0.671	0.650	0.712	0.677
2014	21	1.338	1.035	1.000	1.338	1.385	1.033	0.998	0.826	1.000
2014	22	0.777	1.379	0.969	0.802	1.071	0.620	0.449	0.551	0.560
2014	23	0.839	1.239	0.893	0.939	1.040	0.636	0.528	0.531	0.828
2014	24	0.800	1.347	1.000	0.800	1.078	0.926	0.690	0.836	1.000
2014	25	0.737	1.368	0.757	0.973	1.008	0.570	0.410	0.505	0.424
2014	26	0.574	1.277	1.086	0.528	0.733	0.204	0.170	0.171	0.352
2014	27	0.822	1.321	0.818	1.005	1.086	0.671	0.505	0.610	0.506
2014	28	0.933	1.091	1.002	0.931	1.018	0.345	0.303	0.341	0.325
2014	29	1.069	1.035	1.013	1.055	1.106	0.391	0.377	0.367	0.729
2014	30	0.930	1.363	0.882	1.054	1.268	0.242	0.177	0.216	0.234
2014	31	0.793	1.333	1.813	0.437	1.057	0.520	0.389	0.471	1.000
2015	1	1.212	1.000	1.272	0.952	1.211	0.460	0.450	0.589	0.543
2015	2	1.236	0.828	1.009	1.225	1.023	0.769	0.903	1.030	1.000

177

2015	3	1.199	0.830	1.154	1.040	0.995	0.624	0.753	0.816	0.764
2015	4	1.135	0.857	1.104	1.028	0.973	0.271	0.315	0.326	0.317
2015	5	1.000	0.904	1.000	1.000	0.904	1.019	1.000	1.317	1.000
2015	6	0.842	0.901	0.857	0.982	0.759	0.445	0.441	0.576	0.525
2015	7	1.202	0.900	0.690	1.741	1.082	0.595	0.591	0.770	0.651
2015	8	0.985	0.866	0.870	1.132	0.853	0.700	0.825	0.866	0.870
2015	9	1.207	0.860	1.117	1.081	1.038	0.660	0.731	0.864	0.810
2015	10	1.276	0.813	1.174	1.087	1.037	0.584	0.720	0.803	0.789
2015	11	1.284	0.805	1.010	1.271	1.033	0.364	0.452	0.510	0.454
2015	12	1.228	0.822	1.179	1.041	1.010	0.549	0.674	0.746	0.682
2015	13	1.175	0.883	1.105	1.063	1.037	0.749	0.854	0.861	0.860
2015	14	1.039	0.860	1.052	0.988	0.893	0.752	0.887	0.933	0.929
2015	15	1.180	0.862	1.068	1.104	1.017	0.682	0.742	0.890	0.844
2015	16	1.223	0.844	1.306	0.937	1.033	0.587	0.699	0.743	0.768
2015	17	1.141	0.817	1.127	1.013	0.932	0.591	0.734	0.827	0.750
2015	18	1.100	0.914	1.006	1.094	1.005	0.914	1.000	1.017	1.000
2015	19	1.040	0.860	1.063	0.979	0.895	0.543	0.636	0.663	0.729
2015	20	1.115	0.910	1.161	0.961	1.015	0.657	0.725	0.732	0.786
2015	21	1.002	1.230	1.000	1.002	1.232	1.251	1.000	0.953	1.000
2015	22	1.407	0.813	1.224	1.149	1.144	0.512	0.632	0.705	0.686
2015	23	1.149	0.948	0.940	1.223	1.089	0.548	0.606	0.717	0.778
2015	24	1.361	0.823	1.000	1.361	1.120	0.771	0.939	1.028	1.000
2015	25	1.411	0.812	1.403	1.005	1.145	0.470	0.579	0.645	0.596
2015	26	1.284	1.008	0.630	2.039	1.295	0.223	0.218	0.287	0.222
2015	27	1.341	0.820	1.388	0.966	1.099	0.549	0.677	0.754	0.702
2015	28	0.948	0.881	0.893	1.062	0.835	0.251	0.287	0.291	0.290
2015	29	1.321	1.035	1.239	1.066	1.366	0.519	0.498	0.629	0.904
2015	30	1.790	0.913	1.634	1.096	1.634	0.322	0.316	0.415	0.383
2015	31	1.018	0.826	0.409	2.492	0.841	0.327	0.396	0.431	0.409
2016	1	1.548	0.768	1.283	1.206	1.189	0.537	0.696	0.685	0.697
2016	2	1.107	0.875	1.000	1.107	0.969	0.874	1.000	1.117	1.000
2016	3	1.183	0.922	1.167	1.014	1.091	0.820	0.891	0.966	0.892
2016	4	1.074	0.954	1.068	1.006	1.024	0.318	0.338	0.363	0.339

178

2016	5	1.000	0.794	1.000	1.000	0.794	0.830	1.000	1.074	1.000
2016	6	1.023	0.766	0.893	1.146	0.784	0.345	0.451	0.454	0.468
2016	7	1.383	0.764	1.536	0.901	1.057	0.621	0.818	0.844	1.000
2016	8	1.131	0.952	1.074	1.052	1.076	0.887	0.933	0.994	0.935
2016	9	1.246	0.802	1.126	1.106	0.999	0.691	0.910	0.940	0.912
2016	10	1.179	0.892	1.079	1.092	1.052	0.754	0.849	0.940	0.851
2016	11	1.163	0.884	1.188	0.979	1.028	0.464	0.526	0.585	0.539
2016	12	1.105	0.898	1.121	0.986	0.993	0.665	0.745	0.822	0.765
2016	13	1.070	0.987	1.063	1.006	1.055	0.897	0.914	0.958	0.914
2016	14	1.031	0.945	0.984	1.047	0.975	0.860	0.915	0.980	0.915
2016	15	1.260	0.820	1.111	1.134	1.033	0.754	0.935	0.982	0.937
2016	16	1.136	0.936	1.069	1.063	1.063	0.740	0.795	0.856	0.821
2016	17	1.116	0.885	1.108	1.007	0.988	0.724	0.819	0.909	0.832
2016	18	1.000	0.996	1.000	1.000	0.996	1.009	1.000	1.045	1.000
2016	19	1.062	0.957	1.033	1.029	1.016	0.645	0.676	0.719	0.753
2016	20	1.217	0.990	1.203	1.012	1.205	0.873	0.883	0.906	0.945
2016	21	1.000	1.074	1.000	1.000	1.074	1.099	1.000	0.896	1.000
2016	22	1.184	0.870	1.092	1.084	1.030	0.631	0.749	0.814	0.749
2016	23	1.300	0.814	1.068	1.217	1.058	0.617	0.788	0.819	0.831
2016	24	1.063	0.930	1.000	1.063	0.988	0.944	0.998	1.065	1.000
2016	25	1.066	0.894	1.040	1.025	0.953	0.549	0.617	0.682	0.619
2016	26	1.448	0.772	1.487	0.974	1.118	0.247	0.316	0.329	0.329
2016	27	1.231	0.893	1.199	1.026	1.100	0.741	0.833	0.922	0.842
2016	28	1.152	0.965	1.139	1.011	1.111	0.312	0.331	0.354	0.331
2016	29	1.533	0.785	1.107	1.386	1.204	0.595	0.764	0.736	1.000
2016	30	0.991	0.765	0.819	1.210	0.758	0.241	0.313	0.311	0.313
2016	31	1.276	0.909	2.448	0.521	1.159	0.454	0.506	0.556	1.000
2017	1	1.018	1.028	1.040	0.978	1.046	0.736	0.709	0.669	0.725
2017	2	1.000	0.964	1.000	1.000	0.964	1.038	1.000	0.943	1.000
2017	3	0.838	0.923	0.853	0.983	0.774	0.690	0.747	0.713	0.761
2017	4	1.034	0.930	1.034	1.000	0.962	0.324	0.350	0.333	0.350
2017	5	0.658	0.977	0.744	0.884	0.643	0.674	0.658	0.613	0.744
2017	6	1.351	0.987	1.316	1.026	1.332	0.597	0.609	0.566	0.616

179

2017	7	0.826	1.002	1.000	0.826	0.827	0.699	0.675	0.635	1.000
2017	8	0.388	0.919	1.070	0.362	0.356	0.326	0.362	0.351	1.000
2017	9	1.099	0.962	1.097	1.002	1.058	0.956	1.000	0.979	1.000
2017	10	0.979	0.900	1.009	0.970	0.882	0.746	0.831	0.810	0.859
2017	11	1.071	0.900	1.084	0.988	0.964	0.507	0.563	0.547	0.584
2017	12	1.106	0.905	1.115	0.992	1.001	0.745	0.824	0.797	0.853
2017	13	1.094	0.955	1.094	1.000	1.046	0.957	1.000	0.957	1.000
2017	14	0.968	0.932	0.973	0.995	0.902	0.824	0.886	0.842	0.890
2017	15	1.026	0.965	1.027	0.999	0.990	0.938	0.960	0.895	0.962
2017	16	1.139	0.930	1.157	0.985	1.059	0.843	0.905	0.860	0.949
2017	17	1.011	0.904	1.023	0.988	0.914	0.751	0.828	0.807	0.851
2017	18	1.000	0.966	1.000	1.000	0.966	0.975	1.000	1.019	1.000
2017	19	1.079	0.935	1.102	0.979	1.008	0.677	0.729	0.694	0.830
2017	20	1.036	0.975	1.058	0.979	1.010	0.892	0.915	0.933	1.000
2017	21	1.000	1.125	1.000	1.000	1.125	1.133	1.000	0.958	1.000
2017	22	0.975	0.909	0.974	1.001	0.886	0.656	0.730	0.709	0.730
2017	23	1.061	0.991	1.133	0.936	1.052	0.854	0.836	0.777	0.942
2017	24	0.973	0.931	1.000	0.973	0.905	0.898	0.970	0.925	1.000
2017	25	1.340	0.910	1.435	0.934	1.220	0.757	0.827	0.807	0.889
2017	26	0.906	0.963	1.130	0.802	0.872	0.276	0.286	0.275	0.372
2017	27	1.093	0.905	1.095	0.998	0.989	0.825	0.911	0.881	0.923
2017	28	1.152	0.927	1.166	0.987	1.068	0.350	0.381	0.365	0.386
2017	29	0.662	0.977	0.593	1.117	0.647	0.466	0.506	0.484	0.593
2017	30	1.320	1.003	1.379	0.958	1.324	0.414	0.413	0.377	0.432
2017	31	0.745	0.909	1.000	0.745	0.677	0.342	0.377	0.367	1.000
2018	1	0.976	1.060	1.014	0.963	1.035	0.733	0.692	0.635	0.736
2018	2	0.805	1.072	0.850	0.948	0.863	0.873	0.805	0.743	0.850
2018	3	0.597	1.051	0.766	0.780	0.628	0.471	0.446	0.409	0.583
2018	4	0.695	1.039	0.725	0.960	0.722	0.250	0.243	0.224	0.254
2018	5	0.683	1.065	0.697	0.981	0.728	0.476	0.450	0.409	0.518
2018	6	0.950	1.089	1.020	0.931	1.034	0.638	0.579	0.534	0.629
2018	7	0.331	1.061	0.438	0.756	0.352	0.237	0.224	0.205	0.438
2018	8	0.932	1.031	0.984	0.947	0.960	0.347	0.337	0.310	0.984

2018	9	1.000	1.063	1.000	1.000	1.063	1.105	1.000	0.923	1.000
2018	10	0.866	1.025	0.882	0.982	0.888	0.737	0.720	0.664	0.758
2018	11	0.969	1.030	1.080	0.897	0.998	0.562	0.546	0.503	0.631
2018	12	0.894	1.032	1.045	0.856	0.922	0.759	0.736	0.678	0.891
2018	13	1.000	1.056	1.000	1.000	1.056	1.067	1.000	0.977	1.000
2018	14	0.768	1.050	0.768	1.000	0.807	0.713	0.680	0.625	0.684
2018	15	0.592	1.065	0.601	0.985	0.631	0.601	0.568	0.524	0.578
2018	16	0.510	1.039	0.525	0.970	0.530	0.473	0.461	0.451	0.499
2018	17	0.915	1.025	0.937	0.976	0.937	0.775	0.757	0.698	0.797
2018	18	0.870	0.981	1.000	0.870	0.853	0.853	0.870	0.850	1.000
2018	19	0.861	1.049	0.926	0.931	0.904	0.658	0.628	0.577	0.768
2018	20	0.748	0.981	0.694	1.077	0.734	0.671	0.684	0.669	0.694
2018	21	1.000	1.052	1.000	1.000	1.052	1.060	1.000	0.888	1.000
2018	22	0.921	1.028	0.934	0.986	0.947	0.690	0.672	0.620	0.682
2018	23	0.941	1.068	1.005	0.936	1.005	0.834	0.787	0.723	0.946
2018	24	0.596	1.047	1.000	0.596	0.623	0.604	0.578	0.531	1.000
2018	25	0.899	1.062	0.961	0.936	0.955	0.819	0.743	0.686	0.854
2018	26	0.673	1.037	0.689	0.977	0.698	0.199	0.193	0.177	0.256
2018	27	0.745	1.046	0.978	0.761	0.779	0.718	0.679	0.619	0.903
2018	28	0.552	1.043	0.723	0.764	0.576	0.219	0.210	0.193	0.279
2018	29	0.538	1.052	0.535	1.005	0.566	0.288	0.272	0.250	0.317
2018	30	0.907	1.092	1.006	0.901	0.991	0.408	0.375	0.345	0.435
2018	31	0.641	1.026	1.000	0.641	0.658	0.248	0.241	0.222	1.000
2019	1	1.045	1.092	1.059	0.987	1.142	0.792	0.723	0.645	0.779
2019	2	0.930	1.084	1.143	0.813	1.008	0.812	0.749	0.764	0.971
2019	3	1.172	1.088	1.363	0.860	1.274	0.567	0.523	0.550	0.794
2019	4	1.384	1.085	1.492	0.927	1.501	0.365	0.337	0.351	0.379
2019	5	1.302	1.091	1.233	1.056	1.421	0.635	0.585	0.596	0.639
2019	6	0.841	1.084	0.833	1.009	0.911	0.527	0.487	0.507	0.524
2019	7	1.366	1.087	0.906	1.509	1.485	0.332	0.306	0.309	0.397
2019	8	1.004	1.086	1.017	0.987	1.090	0.368	0.338	0.357	1.000
2019	9	1.000	1.084	1.000	1.000	1.084	1.084	1.000	1.040	1.000
2019	10	0.875	1.084	0.832	1.051	0.949	0.683	0.630	0.657	0.631

2019	11	0.917	1.086	0.996	0.921	0.995	0.543	0.501	0.526	0.629
2019	12	0.840	1.085	0.900	0.933	0.911	0.670	0.618	0.645	0.802
2019	13	1.000	1.056	1.000	1.000	1.056	1.090	1.000	1.113	1.000
2019	14	0.908	1.089	0.951	0.955	0.988	0.673	0.618	0.659	0.650
2019	15	0.999	1.089	0.987	1.012	1.088	0.621	0.567	0.505	0.571
2019	16	1.199	1.055	1.157	1.037	1.265	0.601	0.553	0.586	0.577
2019	17	1.076	1.085	1.130	0.952	1.168	0.884	0.815	0.854	0.901
2019	18	0.935	1.037	0.999	0.936	0.969	0.854	0.813	0.905	0.999
2019	19	0.952	1.088	0.860	1.106	1.035	0.650	0.598	0.632	0.661
2019	20	0.965	1.023	0.978	0.987	0.988	0.676	0.661	0.735	0.679
2019	21	1.000	1.145	1.000	1.000	1.145	1.165	1.000	1.030	1.000
2019	22	1.066	1.086	1.106	0.963	1.157	0.778	0.716	0.756	0.754
2019	23	1.160	1.087	1.031	1.125	1.262	0.991	0.913	0.885	0.976
2019	24	1.065	1.088	1.000	1.065	1.159	0.670	0.615	0.654	1.000
2019	25	0.864	1.085	0.875	0.987	0.937	0.697	0.642	0.622	0.747
2019	26	0.751	1.085	1.331	0.564	0.815	0.157	0.145	0.151	0.341
2019	27	0.959	1.096	0.959	1.000	1.051	0.713	0.651	0.580	0.866
2019	28	1.090	1.088	1.030	1.059	1.186	0.250	0.229	0.244	0.287
2019	29	0.845	1.088	0.866	0.975	0.919	0.250	0.230	0.242	0.275
2019	30	0.800	1.086	0.853	0.937	0.869	0.326	0.300	0.289	0.371
2019	31	0.959	1.087	0.323	2.964	1.042	0.252	0.231	0.248	0.323
2020	1	1.110	1.115	1.077	1.031	1.238	0.890	0.803	0.000	0.839
2020	2	0.837	1.030	0.796	1.052	0.863	0.679	0.627	0.000	0.773
2020	3	1.025	0.952	1.051	0.975	0.976	0.511	0.536	0.000	0.835
2020	4	0.988	0.958	0.978	1.010	0.946	0.319	0.333	0.000	0.371
2020	5	0.989	1.047	0.910	1.088	1.036	0.647	0.579	0.000	0.581
2020	6	1.064	0.959	1.061	1.003	1.021	0.496	0.518	0.000	0.556
2020	7	1.039	1.035	1.112	0.934	1.075	0.343	0.317	0.000	0.441
2020	8	1.025	0.949	1.000	1.025	0.972	0.329	0.347	0.000	1.000
2020	9	1.000	1.044	1.000	1.000	1.044	1.134	1.000	0.000	1.000
2020	10	0.978	0.959	1.003	0.975	0.938	0.591	0.616	0.000	0.632
2020	11	1.016	0.954	1.037	0.980	0.969	0.486	0.508	0.000	0.652
2020	12	0.997	0.959	0.983	1.014	0.956	0.592	0.616	0.000	0.788

2020	13	1.000	0.917	1.000	1.000	0.917	0.937	1.000	0.000	1.000
2020	14	1.266	0.940	1.210	1.046	1.190	0.737	0.782	0.000	0.787
2020	15	1.000	1.124	1.157	0.865	1.124	0.638	0.568	0.000	0.660
2020	16	0.936	0.947	0.929	1.007	0.887	0.492	0.518	0.000	0.536
2020	17	0.884	0.955	0.907	0.975	0.845	0.689	0.721	0.000	0.817
2020	18	1.114	0.899	1.001	1.113	1.001	0.814	0.906	0.000	1.000
2020	19	1.055	0.947	1.066	0.990	0.999	0.598	0.631	0.000	0.704
2020	20	0.692	0.989	0.799	0.866	0.685	0.498	0.457	0.000	0.542
2020	21	1.000	0.982	1.000	1.000	0.982	0.994	1.000	0.000	1.000
2020	22	1.044	0.948	1.075	0.971	0.990	0.710	0.748	0.000	0.811
2020	23	0.921	1.025	1.025	0.899	0.944	0.856	0.841	0.000	1.000
2020	24	0.954	0.943	0.844	1.131	0.900	0.555	0.587	0.000	0.844
2020	25	0.871	1.081	0.795	1.096	0.941	0.632	0.559	0.000	0.594
2020	26	1.054	0.958	0.597	1.766	1.010	0.146	0.152	0.000	0.204
2020	27	0.805	1.122	0.736	1.094	0.903	0.587	0.524	0.000	0.637
2020	28	1.465	0.919	3.483	0.421	1.346	0.302	0.336	0.000	1.000
2020	29	0.916	0.952	1.124	0.815	0.872	0.200	0.211	0.000	0.309
2020	30	0.995	1.005	0.962	1.034	1.000	0.291	0.298	0.000	0.357
2020	31	1.476	0.915	2.142	0.689	1.351	0.307	0.342	0.000	0.693

中국 문화산업의 생산성 · 지역화 · 무역경쟁력에 관한 연구

〈부표 7〉 생산성 추정결과표: 중국 문화유통업의 산업별 생산성

year	지역코드	EI	TI	PI	SI	MPI	d(t-1)	d(t)	d(t+1)	vrs
2013	1	1.000	1.000	1.000	1.000	1.000	0.000	0.305	0.354	0.408
2013	2	1.000	1.000	1.000	1.000	1.000	0.000	0.203	0.198	0.293
2013	3	1.000	1.000	1.000	1.000	1.000	0.000	0.229	0.224	0.275
2013	4	1.000	1.000	1.000	1.000	1.000	0.000	0.263	0.257	0.314
2013	5	1.000	1.000	1.000	1.000	1.000	0.000	0.214	0.209	0.306
2013	6	1.000	1.000	1.000	1.000	1.000	0.000	0.317	0.310	0.490
2013	7	1.000	1.000	1.000	1.000	1.000	0.000	0.246	0.240	0.396
2013	8	1.000	1.000	1.000	1.000	1.000	0.000	0.480	0.469	1.000
2013	9	1.000	1.000	1.000	1.000	1.000	0.000	0.815	0.911	0.876
2013	10	1.000	1.000	1.000	1.000	1.000	0.000	0.349	0.341	0.419
2013	11	1.000	1.000	1.000	1.000	1.000	0.000	0.357	0.349	0.389
2013	12	1.000	1.000	1.000	1.000	1.000	0.000	0.496	0.484	0.570
2013	13	1.000	1.000	1.000	1.000	1.000	0.000	0.362	0.353	0.502
2013	14	1.000	1.000	1.000	1.000	1.000	0.000	0.308	0.301	0.368
2013	15	1.000	1.000	1.000	1.000	1.000	0.000	0.362	0.353	0.383
2013	16	1.000	1.000	1.000	1.000	1.000	0.000	0.314	0.307	0.414
2013	17	1.000	1.000	1.000	1.000	1.000	0.000	0.359	0.351	0.493
2013	18	1.000	1.000	1.000	1.000	1.000	0.000	0.365	0.357	0.524
2013	19	1.000	1.000	1.000	1.000	1.000	0.000	0.375	0.366	0.395
2013	20	1.000	1.000	1.000	1.000	1.000	0.000	0.217	0.212	0.292
2013	21	1.000	1.000	1.000	1.000	1.000	0.000	0.139	0.136	0.155
2013	22	1.000	1.000	1.000	1.000	1.000	0.000	0.678	0.662	0.683
2013	23	1.000	1.000	1.000	1.000	1.000	0.000	0.249	0.243	0.262
2013	24	1.000	1.000	1.000	1.000	1.000	0.000	0.150	0.146	0.295
2013	25	1.000	1.000	1.000	1.000	1.000	0.000	0.189	0.184	0.197
2013	26	1.000	1.000	1.000	1.000	1.000	0.000	0.224	0.218	0.487
2013	27	1.000	1.000	1.000	1.000	1.000	0.000	0.274	0.268	0.386
2013	28	1.000	1.000	1.000	1.000	1.000	0.000	0.266	0.260	0.413
2013	29	1.000	1.000	1.000	1.000	1.000	0.000	1.000	1.166	1.000
2013	30	1.000	1.000	1.000	1.000	1.000	0.000	0.182	0.177	1.000

184

2013	31	1.000	1.000	1.000	1.000	1.000	0.000	0.165	0.161	0.169
2014	1	1.180	0.864	0.962	1.226	1.019	0.312	0.359	0.412	0.392
2014	2	1.254	1.011	1.290	0.972	1.268	0.254	0.254	0.380	0.378
2014	3	1.108	1.024	1.518	0.730	1.134	0.259	0.254	0.388	0.418
2014	4	0.996	1.024	1.150	0.866	1.019	0.268	0.262	0.401	0.361
2014	5	1.046	1.024	1.126	0.929	1.071	0.229	0.224	0.342	0.344
2014	6	0.992	1.024	1.162	0.854	1.016	0.322	0.315	0.482	0.570
2014	7	1.042	1.024	1.226	0.849	1.066	0.262	0.256	0.392	0.486
2014	8	0.670	1.024	1.000	0.670	0.686	0.329	0.322	0.492	1.000
2014	9	1.228	0.902	1.142	1.075	1.107	0.910	1.000	0.788	1.000
2014	10	0.966	1.024	1.042	0.927	0.989	0.345	0.337	0.516	0.436
2014	11	0.970	1.024	1.314	0.738	0.993	0.354	0.346	0.530	0.511
2014	12	0.673	1.024	0.847	0.794	0.689	0.341	0.334	0.510	0.483
2014	13	0.857	1.024	1.992	0.430	0.878	0.318	0.310	0.475	1.000
2014	14	0.648	1.024	0.544	1.192	0.664	0.205	0.200	0.306	0.200
2014	15	0.899	1.024	0.923	0.975	0.920	0.333	0.325	0.498	0.354
2014	16	1.003	1.024	1.408	0.713	1.027	0.323	0.315	0.483	0.583
2014	17	0.954	1.024	1.278	0.746	0.977	0.351	0.343	0.525	0.631
2014	18	0.934	1.024	1.033	0.905	0.956	0.349	0.341	0.522	0.541
2014	19	0.926	1.024	0.959	0.966	0.948	0.355	0.347	0.531	0.378
2014	20	0.674	1.024	0.738	0.913	0.690	0.150	0.146	0.224	0.216
2014	21	0.938	1.024	0.965	0.972	0.960	0.134	0.131	0.200	0.150
2014	22	0.574	1.024	0.625	0.918	0.588	0.398	0.389	0.596	0.427
2014	23	0.797	1.024	0.824	0.967	0.816	0.203	0.198	0.303	0.216
2014	24	0.901	1.009	1.248	0.722	0.909	0.134	0.135	0.201	0.369
2014	25	1.195	1.024	1.283	0.931	1.223	0.231	0.225	0.345	0.253
2014	26	0.808	1.024	0.967	0.836	0.827	0.185	0.181	0.277	0.471
2014	27	1.197	1.024	1.669	0.717	1.225	0.336	0.329	0.503	0.643
2014	28	0.641	1.024	0.586	1.094	0.656	0.175	0.171	0.261	0.242
2014	29	1.000	0.937	1.000	1.000	0.937	1.024	1.000	1.530	1.000
2014	30	0.811	1.024	1.000	0.811	0.830	0.151	0.147	0.225	1.000
2014	31	1.068	1.024	1.130	0.946	1.094	0.180	0.176	0.270	0.191

2015	1	1.016	0.934	0.931	1.090	0.949	0.365	0.365	0.455	0.365
2015	2	1.018	0.820	0.786	1.295	0.835	0.260	0.259	0.323	0.297
2015	3	1.350	0.653	1.055	1.280	0.882	0.224	0.342	0.389	0.441
2015	4	1.611	0.653	1.645	0.979	1.052	0.276	0.422	0.480	0.593
2015	5	1.622	0.653	1.759	0.922	1.060	0.237	0.363	0.412	0.605
2015	6	1.412	0.653	1.191	1.186	0.923	0.291	0.445	0.505	0.679
2015	7	1.510	0.653	2.058	0.734	0.987	0.253	0.387	0.439	1.000
2015	8	0.852	0.653	0.573	1.488	0.557	0.179	0.274	0.311	0.573
2015	9	1.000	1.272	1.000	1.000	1.272	1.275	1.000	1.276	1.000
2015	10	1.470	0.679	1.220	1.205	0.999	0.350	0.495	0.590	0.532
2015	11	1.647	0.653	1.331	1.237	1.076	0.373	0.570	0.648	0.680
2015	12	1.224	0.655	1.102	1.111	0.802	0.268	0.408	0.481	0.532
2015	13	1.954	0.653	1.000	1.954	1.277	0.396	0.606	0.711	1.000
2015	14	1.246	0.653	1.288	0.967	0.814	0.163	0.249	0.283	0.258
2015	15	1.616	0.653	1.634	0.989	1.056	0.344	0.526	0.599	0.578
2015	16	1.698	0.653	1.716	0.989	1.109	0.350	0.535	0.608	1.000
2015	17	1.704	0.653	1.302	1.309	1.113	0.382	0.584	0.664	0.821
2015	18	1.258	0.653	1.031	1.220	0.822	0.280	0.429	0.488	0.558
2015	19	1.646	0.653	1.665	0.989	1.076	0.373	0.571	0.654	0.630
2015	20	2.025	0.653	2.456	0.824	1.323	0.194	0.296	0.337	0.530
2015	21	1.250	0.653	1.270	0.985	0.817	0.107	0.163	0.186	0.190
2015	22	1.253	0.653	1.286	0.974	0.819	0.319	0.488	0.554	0.549
2015	23	1.551	0.653	1.594	0.973	1.013	0.201	0.307	0.349	0.344
2015	24	1.387	0.729	0.657	2.110	1.012	0.148	0.187	0.227	0.242
2015	25	1.925	0.653	1.885	1.021	1.258	0.283	0.434	0.493	0.477
2015	26	1.882	0.653	1.509	1.247	1.230	0.222	0.340	0.387	0.712
2015	27	2.172	0.653	1.554	1.398	1.419	0.466	0.714	0.811	1.000
2015	28	0.921	0.682	0.770	1.196	0.627	0.112	0.157	0.187	0.186
2015	29	0.719	0.671	0.765	0.939	0.482	0.496	0.719	0.853	0.765
2015	30	1.398	0.653	1.000	1.398	0.913	0.135	0.206	0.234	1.000
2015	31	1.346	0.653	1.334	1.009	0.880	0.155	0.237	0.272	0.255
2016	1	1.233	0.802	1.253	0.984	0.988	0.360	0.450	0.451	0.458

186

2016	2	1.736	0.811	1.755	0.989	1.409	0.369	0.450	0.462	0.521
2016	3	1.288	0.880	1.233	1.044	1.133	0.388	0.441	0.485	0.543
2016	4	0.907	0.880	0.810	1.119	0.798	0.337	0.383	0.422	0.481
2016	5	0.958	0.880	0.768	1.248	0.843	0.306	0.348	0.383	0.465
2016	6	1.378	0.880	1.238	1.113	1.212	0.539	0.613	0.675	0.840
2016	7	1.142	0.880	1.000	1.142	1.004	0.388	0.441	0.486	1.000
2016	8	1.137	0.880	0.989	1.149	1.000	0.274	0.312	0.343	0.567
2016	9	1.000	0.802	1.000	1.000	0.802	0.820	1.000	1.005	1.000
2016	10	1.214	0.829	1.205	1.008	1.007	0.492	0.602	0.616	0.641
2016	11	0.980	0.875	0.916	1.069	0.858	0.486	0.559	0.609	0.623
2016	12	1.053	0.838	0.975	1.080	0.882	0.355	0.430	0.445	0.519
2016	13	1.004	0.847	1.000	1.004	0.851	0.513	0.609	0.642	1.000
2016	14	1.411	0.880	1.400	1.008	1.242	0.309	0.351	0.387	0.361
2016	15	1.171	0.877	1.106	1.059	1.027	0.540	0.616	0.676	0.639
2016	16	1.174	0.880	1.000	1.174	1.033	0.553	0.629	0.692	1.000
2016	17	0.963	0.880	0.928	1.037	0.847	0.495	0.562	0.620	0.762
2016	18	1.090	0.880	1.037	1.051	0.959	0.412	0.468	0.515	0.579
2016	19	1.230	0.867	1.159	1.061	1.067	0.604	0.702	0.757	0.730
2016	20	0.976	0.880	0.794	1.229	0.859	0.254	0.289	0.319	0.421
2016	21	1.146	0.880	1.047	1.094	1.009	0.165	0.187	0.206	0.199
2016	22	1.140	0.880	1.061	1.075	1.004	0.489	0.556	0.613	0.582
2016	23	1.109	0.866	1.021	1.086	0.960	0.291	0.341	0.364	0.351
2016	24	1.664	0.853	1.778	0.936	1.419	0.274	0.311	0.343	0.431
2016	25	2.014	0.877	1.941	1.037	1.767	0.764	0.874	0.956	0.926
2016	26	0.909	0.880	1.405	0.646	0.799	0.272	0.309	0.340	1.000
2016	27	1.128	0.880	1.000	1.128	0.993	0.709	0.805	0.887	1.000
2016	28	1.143	0.830	1.103	1.036	0.948	0.147	0.180	0.184	0.205
2016	29	1.391	0.861	1.307	1.065	1.198	0.880	1.000	1.102	1.000
2016	30	0.849	0.880	0.264	3.215	0.747	0.154	0.175	0.192	0.264
2016	31	1.126	0.865	1.054	1.068	0.973	0.229	0.267	0.286	0.269
2017	1	1.064	0.992	1.047	1.017	1.056	0.472	0.479	0.455	0.479
2017	2	1.109	0.988	1.309	0.847	1.096	0.500	0.499	0.474	0.683

2017	3	1.111	0.908	1.073	1.036	1.009	0.445	0.490	0.465	0.583
2017	4	1.236	0.908	1.121	1.103	1.122	0.430	0.473	0.450	0.539
2017	5	0.523	0.920	0.447	1.170	0.481	0.169	0.182	0.173	0.208
2017	6	1.005	0.908	0.871	1.154	0.913	0.559	0.616	0.585	0.732
2017	7	0.958	0.908	1.000	0.958	0.869	0.384	0.423	0.402	1.000
2017	8	1.312	0.908	0.966	1.358	1.191	0.371	0.409	0.388	0.548
2017	9	1.000	1.008	1.000	1.000	1.008	1.021	1.000	0.950	1.000
2017	10	0.853	0.993	0.857	0.996	0.847	0.519	0.513	0.488	0.549
2017	11	1.094	0.934	1.145	0.956	1.021	0.581	0.611	0.581	0.713
2017	12	1.162	0.973	1.113	1.044	1.130	0.489	0.499	0.474	0.577
2017	13	1.246	0.952	1.000	1.246	1.186	0.725	0.758	0.720	1.000
2017	14	0.845	0.920	0.835	1.011	0.777	0.277	0.297	0.282	0.302
2017	15	1.071	0.918	1.081	0.990	0.983	0.610	0.659	0.626	0.691
2017	16	1.172	0.908	1.000	1.172	1.064	0.669	0.737	0.700	1.000
2017	17	0.945	0.908	0.879	1.076	0.858	0.483	0.532	0.505	0.670
2017	18	1.050	0.908	1.049	1.001	0.953	0.446	0.491	0.467	0.607
2017	19	0.928	0.936	0.938	0.990	0.868	0.615	0.652	0.619	0.684
2017	20	1.181	0.908	1.072	1.102	1.072	0.310	0.342	0.324	0.452
2017	21	0.982	0.909	1.004	0.978	0.893	0.167	0.184	0.175	0.200
2017	22	1.039	0.916	1.006	1.033	0.951	0.534	0.578	0.549	0.586
2017	23	0.873	0.938	0.881	0.990	0.818	0.279	0.298	0.283	0.310
2017	24	0.994	0.908	0.910	1.091	0.902	0.281	0.309	0.294	0.392
2017	25	0.748	0.911	0.743	1.007	0.681	0.593	0.654	0.621	0.688
2017	26	1.108	0.908	0.514	2.155	1.006	0.311	0.342	0.325	0.514
2017	27	0.968	0.908	0.963	1.005	0.879	0.708	0.780	0.741	0.963
2017	28	0.832	0.992	0.926	0.899	0.826	0.151	0.149	0.142	0.190
2017	29	0.998	0.908	1.000	0.998	0.906	0.906	0.998	0.948	1.000
2017	30	1.229	0.909	1.036	1.186	1.117	0.195	0.215	0.204	0.273
2017	31	1.031	0.936	1.055	0.977	0.965	0.259	0.275	0.262	0.284
2018	1	0.858	1.052	0.860	0.998	0.903	0.433	0.411	0.495	0.412
2018	2	0.992	1.052	0.887	1.119	1.045	0.521	0.495	0.714	0.605
2018	3	0.800	1.052	0.776	1.031	0.842	0.412	0.392	0.393	0.452

2018	4	0.719	1.052	0.689	1.042	0.756	0.358	0.340	0.342	0.372
2018	5	0.933	1.052	0.906	1.030	0.982	0.178	0.170	0.170	0.188
2018	6	0.751	1.052	0.734	1.023	0.791	0.487	0.463	0.465	0.538
2018	7	0.716	1.052	1.000	0.716	0.753	0.318	0.302	0.304	1.000
2018	8	0.635	1.052	0.656	0.968	0.669	0.273	0.260	0.261	0.360
2018	9	1.000	1.056	1.000	1.000	1.056	1.060	1.000	1.727	1.000
2018	10	1.111	1.052	1.143	0.971	1.169	0.600	0.570	0.572	0.628
2018	11	0.933	1.052	0.932	1.001	0.982	0.600	0.570	0.572	0.665
2018	12	0.832	1.052	0.840	0.990	0.876	0.437	0.415	0.433	0.485
2018	13	0.990	1.052	1.000	0.990	1.042	0.790	0.750	0.871	1.000
2018	14	0.729	1.052	0.725	1.005	0.767	0.228	0.216	0.229	0.219
2018	15	0.795	1.052	0.790	1.006	0.837	0.552	0.524	0.526	0.546
2018	16	0.721	1.052	1.000	0.721	0.759	0.559	0.531	0.533	1.000
2018	17	1.046	1.052	1.009	1.036	1.101	0.585	0.556	0.558	0.676
2018	18	1.203	1.052	1.609	0.747	1.266	0.621	0.591	0.593	0.977
2018	19	0.829	1.052	0.833	0.995	0.872	0.568	0.540	0.542	0.570
2018	20	0.816	1.052	0.791	1.031	0.858	0.293	0.279	0.280	0.357
2018	21	0.960	1.052	0.946	1.015	1.010	0.186	0.176	0.177	0.189
2018	22	0.772	1.052	0.803	0.962	0.813	0.470	0.446	0.448	0.470
2018	23	1.189	1.052	1.180	1.007	1.251	0.372	0.354	0.356	0.365
2018	24	0.771	1.052	0.739	1.044	0.812	0.251	0.239	0.240	0.290
2018	25	0.845	1.052	0.869	0.972	0.889	0.581	0.552	0.555	0.598
2018	26	1.193	1.052	1.945	0.613	1.256	0.430	0.408	0.410	1.000
2018	27	1.066	1.052	1.038	1.026	1.122	0.875	0.831	0.835	1.000
2018	28	1.076	1.056	1.190	0.904	1.136	0.170	0.161	0.278	0.226
2018	29	0.308	1.052	0.332	0.928	0.324	0.323	0.307	0.309	0.332
2018	30	0.813	1.052	0.797	1.020	0.855	0.184	0.174	0.175	0.218
2018	31	0.828	1.052	0.835	0.992	0.872	0.240	0.228	0.229	0.237
2019	1	1.586	0.702	2.004	0.792	1.114	0.387	0.652	0.540	0.826
2019	2	1.680	0.717	1.385	1.213	1.205	0.618	0.831	0.688	0.839
2019	3	1.081	0.996	0.959	1.127	1.076	0.422	0.423	0.443	0.434
2019	4	0.890	0.996	1.015	0.877	0.886	0.302	0.303	0.317	0.377

2019	5	1.236	0.996	1.375	0.899	1.230	0.209	0.209	0.219	0.259
2019	6	1.206	0.996	1.071	1.127	1.201	0.556	0.558	0.585	0.576
2019	7	0.980	0.996	0.330	2.972	0.976	0.295	0.296	0.310	0.330
2019	8	1.057	0.996	0.771	1.370	1.052	0.273	0.274	0.287	0.277
2019	9	0.841	0.685	1.000	0.841	0.576	0.682	0.841	0.717	1.000
2019	10	0.933	0.995	1.048	0.890	0.928	0.528	0.532	0.556	0.658
2019	11	1.050	0.996	0.987	1.064	1.046	0.596	0.599	0.627	0.656
2019	12	1.133	0.926	1.021	1.109	1.049	0.420	0.471	0.442	0.495
2019	13	1.333	0.926	1.000	1.333	1.234	0.996	1.000	1.047	1.000
2019	14	1.573	0.969	1.941	0.811	1.525	0.339	0.340	0.357	0.425
2019	15	1.097	0.909	1.240	0.884	0.997	0.477	0.575	0.501	0.677
2019	16	1.190	0.996	0.756	1.574	1.185	0.630	0.632	0.662	0.756
2019	17	0.902	0.996	0.782	1.154	0.898	0.499	0.501	0.525	0.528
2019	18	1.070	0.996	0.749	1.429	1.066	0.629	0.632	0.662	0.732
2019	19	1.082	0.996	1.209	0.894	1.077	0.582	0.584	0.612	0.689
2019	20	1.144	0.996	0.896	1.277	1.139	0.317	0.319	0.334	0.320
2019	21	3.203	0.996	3.311	0.967	3.189	0.563	0.565	0.592	0.627
2019	22	0.920	0.996	1.125	0.818	0.917	0.409	0.411	0.430	0.529
2019	23	1.413	0.836	1.566	0.902	1.181	0.352	0.500	0.414	0.572
2019	24	1.119	0.976	0.945	1.185	1.093	0.256	0.267	0.269	0.274
2019	25	0.698	0.996	0.677	1.031	0.695	0.384	0.385	0.403	0.405
2019	26	1.193	0.996	1.000	1.193	1.188	0.485	0.488	0.511	1.000
2019	27	0.653	0.996	0.628	1.039	0.650	0.540	0.542	0.568	0.628
2019	28	1.317	0.645	1.416	0.930	0.850	0.152	0.212	0.175	0.320
2019	29	0.621	0.996	0.660	0.940	0.618	0.190	0.191	0.200	0.219
2019	30	1.512	0.996	1.211	1.249	1.506	0.263	0.264	0.276	0.264
2019	31	1.056	0.996	1.338	0.790	1.052	0.240	0.241	0.252	0.317
2020	1	0.972	1.208	1.106	0.879	1.175	0.766	0.634	0.000	0.913
2020	2	0.561	1.178	0.634	0.884	0.661	0.536	0.466	0.000	0.532
2020	3	0.966	0.955	1.044	0.925	0.922	0.390	0.409	0.000	0.453
2020	4	1.035	0.955	0.856	1.209	0.988	0.299	0.313	0.000	0.323
2020	5	1.105	0.955	0.903	1.223	1.055	0.221	0.231	0.000	0.234

2020	6	1.207	0.955	1.370	0.881	1.153	0.644	0.674	0.000	0.789
2020	7	1.103	0.955	1.188	0.929	1.053	0.312	0.327	0.000	0.392
2020	8	0.937	0.955	1.033	0.907	0.894	0.245	0.257	0.000	0.287
2020	9	0.751	1.190	0.834	0.901	0.894	0.763	0.632	0.000	0.834
2020	10	0.878	1.013	0.734	1.196	0.889	0.501	0.467	0.000	0.483
2020	11	1.036	0.980	0.998	1.037	1.015	0.623	0.620	0.000	0.655
2020	12	1.052	1.129	1.097	0.960	1.188	0.593	0.495	0.000	0.543
2020	13	0.884	1.074	1.000	0.884	0.949	1.067	0.884	0.000	1.000
2020	14	0.678	1.074	0.587	1.155	0.728	0.279	0.231	0.000	0.249
2020	15	0.859	1.123	0.770	1.116	0.965	0.543	0.494	0.000	0.521
2020	16	1.007	0.955	1.096	0.919	0.962	0.608	0.637	0.000	0.829
2020	17	0.853	0.955	0.953	0.896	0.815	0.409	0.428	0.000	0.503
2020	18	1.066	0.955	1.205	0.884	1.018	0.643	0.674	0.000	0.882
2020	19	0.747	0.955	0.655	1.141	0.714	0.417	0.436	0.000	0.452
2020	20	1.063	0.955	1.178	0.902	1.015	0.323	0.339	0.000	0.377
2020	21	1.770	1.074	1.594	1.110	1.900	1.208	1.000	0.000	1.000
2020	22	0.955	0.955	0.762	1.253	0.912	0.375	0.392	0.000	0.403
2020	23	0.614	1.208	0.539	1.139	0.742	0.371	0.307	0.000	0.308
2020	24	0.937	1.095	1.024	0.915	1.026	0.302	0.250	0.000	0.280
2020	25	1.150	0.955	1.200	0.958	1.098	0.423	0.443	0.000	0.486
2020	26	1.162	0.955	1.000	1.162	1.110	0.541	0.566	0.000	1.000
2020	27	0.850	0.955	0.921	0.924	0.812	0.440	0.461	0.000	0.578
2020	28	1.760	1.074	1.184	1.486	1.890	0.356	0.373	0.000	0.380
2020	29	0.952	0.955	0.887	1.073	0.909	0.173	0.181	0.000	0.194
2020	30	0.857	0.963	0.933	0.918	0.825	0.219	0.226	0.000	0.246
2020	31	0.978	0.955	0.748	1.307	0.934	0.225	0.235	0.000	0.237

〈부표 8〉 생산성 추정결과표: 중국 문화서비스업의 산업별 생산성

year	지역코드	EI	TI	PI	SI	MPI	d(t-1)	d(t)	d(t+1)	vrs
2013	1	1.000	1.000	1.000	1.000	1.000	0.000	1.000	0.965	1.000
2013	2	1.000	1.000	1.000	1.000	1.000	0.000	0.796	0.748	0.844
2013	3	1.000	1.000	1.000	1.000	1.000	0.000	0.574	0.531	0.576
2013	4	1.000	1.000	1.000	1.000	1.000	0.000	0.252	0.238	0.253
2013	5	1.000	1.000	1.000	1.000	1.000	0.000	0.505	0.481	0.549
2013	6	1.000	1.000	1.000	1.000	1.000	0.000	0.742	0.687	0.743
2013	7	1.000	1.000	1.000	1.000	1.000	0.000	0.453	0.423	0.480
2013	8	1.000	1.000	1.000	1.000	1.000	0.000	0.599	0.555	0.635
2013	9	1.000	1.000	1.000	1.000	1.000	0.000	1.000	0.940	1.000
2013	10	1.000	1.000	1.000	1.000	1.000	0.000	0.596	0.569	0.607
2013	11	1.000	1.000	1.000	1.000	1.000	0.000	0.890	0.836	0.970
2013	12	1.000	1.000	1.000	1.000	1.000	0.000	0.518	0.485	0.542
2013	13	1.000	1.000	1.000	1.000	1.000	0.000	0.619	0.585	0.624
2013	14	1.000	1.000	1.000	1.000	1.000	0.000	0.725	0.671	0.726
2013	15	1.000	1.000	1.000	1.000	1.000	0.000	0.516	0.484	0.525
2013	16	1.000	1.000	1.000	1.000	1.000	0.000	0.582	0.542	0.618
2013	17	1.000	1.000	1.000	1.000	1.000	0.000	0.661	0.634	0.700
2013	18	1.000	1.000	1.000	1.000	1.000	0.000	0.498	0.458	0.502
2013	19	1.000	1.000	1.000	1.000	1.000	0.000	0.936	0.893	0.980
2013	20	1.000	1.000	1.000	1.000	1.000	0.000	0.629	0.582	0.629
2013	21	1.000	1.000	1.000	1.000	1.000	0.000	0.558	0.537	0.612
2013	22	1.000	1.000	1.000	1.000	1.000	0.000	0.511	0.468	0.577
2013	23	1.000	1.000	1.000	1.000	1.000	0.000	0.456	0.440	0.480
2013	24	1.000	1.000	1.000	1.000	1.000	0.000	0.429	0.407	0.449
2013	25	1.000	1.000	1.000	1.000	1.000	0.000	0.385	0.372	0.426
2013	26	1.000	1.000	1.000	1.000	1.000	0.000	0.772	0.715	1.000
2013	27	1.000	1.000	1.000	1.000	1.000	0.000	0.700	0.658	0.775
2013	28	1.000	1.000	1.000	1.000	1.000	0.000	0.601	0.557	0.602
2013	29	1.000	1.000	1.000	1.000	1.000	0.000	0.576	0.533	0.576
2013	30	1.000	1.000	1.000	1.000	1.000	0.000	0.549	0.515	0.562
2013	31	1.000	1.000	1.000	1.000	1.000	0.000	0.992	0.919	1.000

2014	1	1.000	1.080	1.000	1.000	1.080	1.127	1.000	1.047	1.000
2014	2	0.994	1.073	0.952	1.045	1.067	0.857	0.791	0.776	0.803
2014	3	0.927	1.080	1.735	0.534	1.001	0.574	0.532	0.589	1.000
2014	4	1.065	1.058	1.174	0.907	1.126	0.284	0.268	0.291	0.297
2014	5	0.674	1.056	0.830	0.812	0.712	0.362	0.341	0.292	0.456
2014	6	0.943	1.080	1.127	0.836	1.018	0.756	0.700	0.775	0.838
2014	7	0.918	1.056	0.973	0.944	0.970	0.433	0.416	0.444	0.467
2014	8	0.734	1.073	0.702	1.045	0.787	0.469	0.439	0.481	0.446
2014	9	0.976	1.064	1.000	0.976	1.038	1.038	0.976	0.859	1.000
2014	10	0.941	1.043	1.101	0.855	0.981	0.583	0.561	0.598	0.668
2014	11	1.072	1.064	1.002	1.070	1.140	1.014	0.954	0.797	0.972
2014	12	1.009	1.054	1.079	0.936	1.064	0.543	0.523	0.557	0.585
2014	13	0.930	1.053	1.604	0.580	0.979	0.603	0.576	0.618	1.000
2014	14	0.879	1.078	1.115	0.788	0.947	0.685	0.637	0.703	0.809
2014	15	0.832	1.052	1.343	0.620	0.876	0.446	0.429	0.457	0.705
2014	16	0.751	1.077	0.818	0.919	0.809	0.472	0.437	0.484	0.505
2014	17	0.830	1.040	0.792	1.048	0.863	0.569	0.548	0.584	0.554
2014	18	0.958	1.101	1.031	0.930	1.055	0.532	0.477	0.501	0.517
2014	19	0.767	1.045	0.740	1.037	0.802	0.749	0.718	0.762	0.725
2014	20	0.921	1.080	0.922	1.000	0.995	0.626	0.579	0.641	0.580
2014	21	1.058	1.041	1.026	1.032	1.101	0.615	0.590	0.631	0.628
2014	22	0.930	1.063	0.860	1.081	0.988	0.492	0.475	0.505	0.496
2014	23	1.091	1.038	1.298	0.840	1.132	0.516	0.498	0.530	0.623
2014	24	1.188	1.054	1.335	0.890	1.253	0.538	0.510	0.551	0.600
2014	25	0.866	1.051	0.826	1.048	0.910	0.355	0.333	0.352	0.352
2014	26	0.366	1.072	1.000	0.366	0.393	0.301	0.283	0.269	1.000
2014	27	0.540	1.086	0.490	1.102	0.586	0.419	0.378	0.396	0.379
2014	28	0.772	1.080	1.661	0.465	0.834	0.501	0.464	0.514	1.000
2014	29	0.851	1.080	1.062	0.802	0.919	0.529	0.490	0.543	0.611
2014	30	0.878	1.057	0.867	1.012	0.928	0.505	0.482	0.518	0.487
2014	31	1.008	1.080	1.000	1.008	1.089	1.080	1.000	1.107	1.000
2015	1	1.000	1.053	1.000	1.000	1.053	1.162	1.000	0.915	1.000
2015	2	1.035	1.063	1.023	1.011	1.100	0.908	0.819	0.726	0.822

2015	3	0.831	0.912	0.506	1.643	0.758	0.407	0.442	0.341	0.506
2015	4	1.066	0.926	0.992	1.075	0.987	0.266	0.286	0.221	0.295
2015	5	0.866	1.208	1.425	0.608	1.047	0.370	0.295	0.263	0.650
2015	6	0.863	0.903	0.724	1.191	0.779	0.545	0.604	0.466	0.607
2015	7	0.798	0.952	0.733	1.089	0.760	0.322	0.332	0.269	0.342
2015	8	0.912	0.924	0.902	1.011	0.843	0.374	0.401	0.309	0.402
2015	9	0.795	1.175	1.000	0.795	0.934	0.942	0.776	0.699	1.000
2015	10	1.088	0.942	1.011	1.076	1.024	0.576	0.610	0.470	0.676
2015	11	1.048	1.259	1.029	1.019	1.319	1.324	1.000	0.876	1.000
2015	12	1.128	0.939	1.322	0.853	1.059	0.554	0.590	0.455	0.774
2015	13	1.037	0.929	0.805	1.288	0.963	0.553	0.597	0.460	0.805
2015	14	1.149	0.910	1.235	0.930	1.045	0.668	0.732	0.564	1.000
2015	15	1.146	0.938	1.155	0.993	1.075	0.461	0.492	0.379	0.814
2015	16	1.085	0.910	1.188	0.914	0.988	0.435	0.475	0.366	0.600
2015	17	1.094	0.936	1.084	1.009	1.024	0.559	0.600	0.462	0.601
2015	18	1.155	0.965	1.257	0.919	1.114	0.538	0.551	0.449	0.650
2015	19	0.903	1.028	0.894	1.010	0.928	0.727	0.649	0.579	0.649
2015	20	0.995	0.903	1.016	0.979	0.899	0.521	0.576	0.444	0.590
2015	21	1.076	0.935	1.012	1.063	1.006	0.594	0.635	0.489	0.635
2015	22	1.131	0.944	1.085	1.042	1.068	0.509	0.537	0.414	0.538
2015	23	0.938	0.940	0.805	1.165	0.882	0.439	0.467	0.360	0.501
2015	24	1.019	0.926	0.872	1.169	0.943	0.482	0.520	0.401	0.522
2015	25	0.980	0.949	0.929	1.055	0.929	0.311	0.327	0.252	0.327
2015	26	1.029	1.000	1.000	1.029	1.029	0.277	0.291	0.224	1.000
2015	27	0.889	0.954	1.035	0.859	0.849	0.321	0.336	0.269	0.393
2015	28	0.934	0.908	1.000	0.934	0.848	0.395	0.433	0.334	1.000
2015	29	1.116	0.903	0.902	1.238	1.008	0.494	0.547	0.422	0.551
2015	30	0.774	0.935	0.846	0.916	0.724	0.351	0.373	0.288	0.412
2015	31	0.992	0.910	1.000	0.992	0.903	0.910	0.992	0.765	1.000
2016	1	0.953	1.101	0.966	0.986	1.049	1.057	0.953	1.015	0.966
2016	2	1.000	1.119	1.114	0.898	1.119	0.910	0.819	0.866	0.916
2016	3	0.696	1.297	0.864	0.806	0.903	0.399	0.308	0.427	0.437
2016	4	0.676	1.297	0.742	0.910	0.876	0.251	0.193	0.269	0.219

2016	5	0.817	1.124	1.539	0.531	0.919	0.272	0.241	0.236	1.000
2016	6	0.848	1.297	1.040	0.815	1.100	0.664	0.512	0.711	0.632
2016	7	0.774	1.265	1.212	0.639	0.980	0.333	0.257	0.357	0.415
2016	8	0.711	1.297	0.841	0.845	0.922	0.370	0.285	0.396	0.338
2016	9	0.944	1.116	0.967	0.977	1.054	0.822	0.732	0.731	0.967
2016	10	0.793	1.297	0.977	0.812	1.029	0.627	0.484	0.672	0.660
2016	11	1.000	1.185	1.000	1.000	1.185	1.229	1.000	0.840	1.000
2016	12	0.798	1.297	1.293	0.618	1.035	0.611	0.471	0.654	1.000
2016	13	0.822	1.297	1.243	0.662	1.066	0.636	0.491	0.681	1.000
2016	14	0.715	1.297	1.000	0.715	0.928	0.679	0.523	0.727	1.000
2016	15	0.759	1.297	1.117	0.680	0.985	0.485	0.374	0.519	0.909
2016	16	0.764	1.297	1.001	0.763	0.991	0.471	0.363	0.504	0.601
2016	17	0.855	1.297	0.893	0.957	1.109	0.665	0.512	0.712	0.537
2016	18	0.758	1.254	1.038	0.730	0.950	0.534	0.418	0.572	0.675
2016	19	0.900	1.121	0.997	0.903	1.009	0.655	0.584	0.580	0.647
2016	20	0.699	1.297	0.871	0.803	0.907	0.523	0.403	0.560	0.514
2016	21	0.755	1.297	0.765	0.987	0.980	0.622	0.479	0.666	0.486
2016	22	0.852	1.297	0.928	0.918	1.105	0.593	0.458	0.635	0.500
2016	23	0.870	1.280	0.993	0.877	1.114	0.513	0.406	0.550	0.497
2016	24	0.705	1.297	0.954	0.739	0.914	0.475	0.367	0.509	0.498
2016	25	0.957	1.200	0.959	0.997	1.148	0.347	0.312	0.331	0.314
2016	26	0.632	1.297	0.213	2.968	0.820	0.239	0.184	0.255	0.213
2016	27	0.892	1.238	1.112	0.802	1.104	0.367	0.300	0.393	0.437
2016	28	0.468	1.272	1.000	0.468	0.595	0.253	0.203	0.271	1.000
2016	29	1.829	1.297	1.814	1.008	2.372	1.297	1.000	1.389	1.000
2016	30	0.690	1.267	0.770	0.896	0.874	0.319	0.258	0.342	0.317
2016	31	0.635	1.297	0.824	0.771	0.824	0.818	0.630	0.875	0.824
2017	1	0.977	0.983	0.969	1.008	0.960	0.958	0.931	0.798	0.936
2017	2	1.101	0.992	0.990	1.113	1.092	0.939	0.902	0.773	0.906
2017	3	1.099	0.720	0.789	1.392	0.791	0.243	0.338	0.291	0.345
2017	4	1.295	0.720	1.149	1.127	0.933	0.180	0.250	0.216	0.251
2017	5	0.910	1.052	0.246	3.705	0.957	0.237	0.219	0.188	0.246
2017	6	1.179	0.720	0.959	1.230	0.849	0.435	0.604	0.520	0.606

2017	7	1.001	0.789	0.620	1.614	0.789	0.222	0.257	0.222	0.257
2017	8	1.690	0.720	1.428	1.184	1.217	0.347	0.482	0.415	0.483
2017	9	0.888	1.042	0.830	1.071	0.926	0.705	0.651	0.557	0.802
2017	10	1.386	0.743	1.020	1.359	1.030	0.514	0.670	0.577	0.673
2017	11	1.000	1.233	1.000	1.000	1.233	1.278	1.000	0.852	1.000
2017	12	1.329	0.720	0.629	2.113	0.957	0.451	0.626	0.539	0.629
2017	13	1.741	0.720	1.000	1.741	1.253	0.615	0.854	0.736	1.000
2017	14	1.364	0.720	1.000	1.364	0.983	0.514	0.714	0.615	1.000
2017	15	1.290	0.741	0.538	2.398	0.955	0.367	0.482	0.415	0.489
2017	16	1.580	0.720	1.027	1.538	1.138	0.413	0.574	0.494	0.617
2017	17	1.203	0.720	1.156	1.040	0.866	0.444	0.616	0.531	0.620
2017	18	1.165	0.787	0.722	1.613	0.916	0.413	0.487	0.419	0.487
2017	19	0.860	1.116	0.931	0.924	0.960	0.621	0.502	0.428	0.602
2017	20	1.066	0.720	0.839	1.272	0.768	0.309	0.430	0.370	0.431
2017	21	1.455	0.720	1.444	1.008	1.048	0.502	0.698	0.601	0.702
2017	22	1.247	0.781	1.149	1.085	0.974	0.483	0.571	0.491	0.574
2017	23	1.504	0.770	1.234	1.219	1.159	0.491	0.611	0.526	0.614
2017	24	0.746	0.763	0.549	1.359	0.569	0.221	0.273	0.235	0.274
2017	25	1.088	0.963	1.090	0.998	1.048	0.334	0.340	0.292	0.342
2017	26	1.051	0.802	0.917	1.146	0.843	0.173	0.193	0.166	0.195
2017	27	1.261	0.767	0.865	1.457	0.967	0.292	0.378	0.325	0.378
2017	28	1.184	0.759	0.241	4.925	0.899	0.185	0.240	0.207	0.241
2017	29	0.853	0.798	0.862	0.989	0.681	0.755	0.853	0.734	0.862
2017	30	1.219	0.737	0.990	1.230	0.898	0.226	0.314	0.270	0.314
2017	31	1.586	0.819	1.214	1.307	1.299	0.930	1.000	0.861	1.000
2018	1	0.935	1.167	0.934	1.000	1.090	1.015	0.870	1.004	0.875
2018	2	1.049	1.167	1.075	0.976	1.224	1.104	0.946	1.093	0.974
2018	3	0.868	1.161	1.013	0.857	1.008	0.341	0.293	0.339	0.349
2018	4	0.941	1.161	1.039	0.905	1.093	0.274	0.236	0.272	0.261
2018	5	0.791	1.168	1.004	0.788	0.924	0.203	0.174	0.200	0.247
2018	6	0.889	1.161	0.978	0.909	1.032	0.623	0.537	0.620	0.592
2018	7	1.009	1.161	1.216	0.830	1.172	0.301	0.260	0.300	0.313
2018	8	0.752	1.161	0.830	0.906	0.874	0.421	0.362	0.418	0.401

196

2018	9	0.927	1.169	0.906	1.023	1.083	0.705	0.603	0.696	0.727
2018	10	0.907	1.161	1.000	0.906	1.053	0.706	0.608	0.702	0.673
2018	11	1.000	1.181	1.000	1.000	1.181	1.188	1.000	1.155	1.000
2018	12	0.882	1.161	1.024	0.861	1.024	0.641	0.552	0.637	0.644
2018	13	0.788	1.161	1.000	0.788	0.915	0.781	0.673	0.777	1.000
2018	14	0.774	1.161	1.000	0.774	0.899	0.642	0.553	0.639	1.000
2018	15	0.799	1.161	0.930	0.859	0.928	0.447	0.385	0.444	0.455
2018	16	0.931	1.161	1.125	0.828	1.081	0.620	0.534	0.617	0.694
2018	17	1.015	1.161	1.084	0.936	1.178	0.726	0.626	0.722	0.672
2018	18	0.918	1.161	1.072	0.857	1.066	0.519	0.447	0.516	0.522
2018	19	1.011	1.174	1.036	0.976	1.187	0.596	0.508	0.586	0.623
2018	20	0.962	1.161	1.160	0.829	1.117	0.480	0.414	0.477	0.500
2018	21	1.103	1.161	1.176	0.938	1.281	0.894	0.769	0.888	0.826
2018	22	1.041	1.161	1.104	0.943	1.208	0.690	0.594	0.686	0.634
2018	23	0.951	1.161	1.025	0.929	1.105	0.675	0.581	0.671	0.629
2018	24	1.173	1.161	1.417	0.828	1.362	0.372	0.321	0.370	0.388
2018	25	0.671	1.164	0.694	0.968	0.781	0.266	0.228	0.263	0.237
2018	26	2.159	1.161	2.563	0.842	2.507	0.485	0.417	0.482	0.501
2018	27	0.881	1.161	1.076	0.819	1.023	0.386	0.333	0.384	0.406
2018	28	0.869	1.161	0.977	0.889	1.009	0.242	0.209	0.241	0.235
2018	29	0.934	1.161	0.927	1.008	1.085	0.925	0.797	0.920	0.799
2018	30	0.744	1.161	0.859	0.867	0.864	0.271	0.234	0.270	0.270
2018	31	0.852	1.161	1.000	0.852	0.990	0.990	0.852	0.984	1.000
2019	1	1.087	0.866	1.086	1.000	0.941	0.819	0.945	0.902	0.951
2019	2	1.048	0.911	1.027	1.021	0.954	0.949	0.991	0.972	1.000
2019	3	0.807	0.866	0.695	1.161	0.699	0.205	0.237	0.210	0.243
2019	4	0.767	0.866	0.694	1.105	0.664	0.157	0.181	0.170	0.181
2019	5	1.804	0.866	1.318	1.369	1.563	0.271	0.313	0.278	0.325
2019	6	1.174	0.866	1.108	1.059	1.017	0.546	0.630	0.559	0.657
2019	7	0.972	0.866	0.817	1.190	0.842	0.219	0.252	0.228	0.256
2019	8	1.357	0.866	1.284	1.057	1.175	0.426	0.492	0.436	0.515
2019	9	1.308	0.866	1.091	1.199	1.133	0.683	0.789	0.748	0.793
2019	10	0.733	0.866	0.672	1.092	0.635	0.386	0.446	0.402	0.452

197

2019	11	1.000	0.986	1.000	1.000	0.986	1.122	1.000	1.004	1.000
2019	12	0.910	0.866	0.810	1.124	0.788	0.435	0.503	0.446	0.522
2019	13	1.314	0.866	1.000	1.314	1.138	0.766	0.884	0.784	1.000
2019	14	1.255	0.866	1.000	1.255	1.087	0.601	0.694	0.615	1.000
2019	15	0.938	0.866	0.803	1.168	0.813	0.313	0.361	0.323	0.365
2019	16	1.195	0.866	1.001	1.193	1.035	0.553	0.638	0.566	0.695
2019	17	0.985	0.866	0.932	1.058	0.853	0.534	0.616	0.546	0.626
2019	18	1.314	0.866	1.325	0.992	1.138	0.509	0.587	0.521	0.692
2019	19	1.524	0.866	1.260	1.210	1.320	0.670	0.774	0.703	0.785
2019	20	1.938	0.866	1.701	1.139	1.678	0.694	0.801	0.710	0.850
2019	21	0.857	0.866	0.813	1.054	0.742	0.571	0.659	0.584	0.671
2019	22	0.904	0.866	0.853	1.059	0.783	0.465	0.537	0.494	0.541
2019	23	1.123	0.866	1.067	1.052	0.972	0.565	0.653	0.579	0.672
2019	24	0.949	0.866	0.816	1.163	0.822	0.264	0.304	0.270	0.316
2019	25	1.900	0.866	1.883	1.009	1.645	0.376	0.434	0.384	0.447
2019	26	1.486	0.866	1.277	1.164	1.287	0.537	0.620	0.561	0.639
2019	27	1.280	0.866	1.210	1.057	1.108	0.369	0.426	0.378	0.492
2019	28	1.266	0.866	1.163	1.088	1.096	0.229	0.264	0.234	0.273
2019	29	1.089	0.866	1.121	0.972	0.944	0.752	0.868	0.769	0.896
2019	30	1.427	0.866	1.293	1.104	1.236	0.289	0.334	0.296	0.349
2019	31	0.890	0.898	1.000	0.890	0.799	0.706	0.759	0.740	1.000
2020	1	0.903	1.031	0.899	1.004	0.931	0.866	0.854	0.000	0.855
2020	2	1.009	1.019	1.000	1.009	1.028	1.018	1.000	0.000	1.000
2020	3	0.944	1.128	0.986	0.958	1.065	0.252	0.224	0.000	0.239
2020	4	1.011	1.046	1.017	0.995	1.058	0.188	0.183	0.000	0.184
2020	5	0.655	1.128	0.672	0.975	0.738	0.231	0.205	0.000	0.218
2020	6	0.766	1.128	0.815	0.940	0.863	0.544	0.482	0.000	0.535
2020	7	0.788	1.092	0.778	1.012	0.860	0.214	0.199	0.000	0.199
2020	8	0.729	1.128	0.760	0.960	0.823	0.405	0.359	0.000	0.391
2020	9	0.883	1.045	0.879	1.004	0.922	0.720	0.696	0.000	0.697
2020	10	0.763	1.098	0.752	1.014	0.837	0.369	0.340	0.000	0.340
2020	11	1.000	1.041	1.000	1.000	1.041	1.088	1.000	0.000	1.000
2020	12	1.046	1.128	1.125	0.929	1.180	0.593	0.526	0.000	0.587

2020	13	0.874	1.128	1.000	0.874	0.985	0.871	0.772	0.000	1.000
2020	14	0.874	1.128	1.000	0.874	0.986	0.684	0.607	0.000	1.000
2020	15	0.874	1.116	0.876	0.998	0.975	0.352	0.316	0.000	0.320
2020	16	0.882	1.128	0.989	0.892	0.995	0.635	0.563	0.000	0.687
2020	17	0.976	1.128	0.986	0.990	1.101	0.679	0.602	0.000	0.618
2020	18	0.812	1.128	0.942	0.862	0.916	0.538	0.477	0.000	0.652
2020	19	0.858	1.078	0.845	1.015	0.924	0.700	0.663	0.000	0.664
2020	20	1.100	1.128	1.176	0.935	1.240	0.994	0.881	0.000	1.000
2020	21	1.517	1.128	1.490	1.018	1.711	1.128	1.000	0.000	1.000
2020	22	0.923	1.081	0.916	1.008	0.998	0.533	0.495	0.000	0.496
2020	23	0.874	1.128	0.888	0.983	0.985	0.643	0.570	0.000	0.597
2020	24	1.018	1.114	1.029	0.989	1.134	0.341	0.310	0.000	0.326
2020	25	0.783	1.128	0.799	0.980	0.883	0.383	0.339	0.000	0.357
2020	26	0.761	1.091	0.770	0.988	0.831	0.509	0.472	0.000	0.492
2020	27	0.789	1.128	0.796	0.991	0.890	0.379	0.336	0.000	0.392
2020	28	1.023	1.128	1.103	0.927	1.154	0.305	0.270	0.000	0.302
2020	29	0.139	1.119	0.134	1.032	0.155	0.133	0.120	0.000	0.120
2020	30	0.805	1.128	0.831	0.969	0.908	0.303	0.269	0.000	0.290
2020	31	0.752	1.016	1.000	0.752	0.763	0.574	0.570	0.000	1.000